Vorwort

Mediennutzung mit Kindern – aber wie?

Medien sind selbstverständlicher Bestandteil der Lebenswelt von Kindern: als Freizeitaktivität, Spielgerät, Unterhaltungs- und Informationsmedium und so manches Mal auch als Babysitter. Pädagogische Fachkräfte sind sich häufig nicht ganz sicher, ob und wie sie sich mit dem Thema Medien befassen sollen. Und auch viele Eltern sind skeptisch, wenn es heißt, dass nun auch noch im Kindergarten Medien selbstverständlich dazugehören. Da sollen die Kinder doch lieber „schön spielen" und nicht auch noch Medien nutzen, hört man dann von Eltern – vielleicht sogar mit einem Unterton von schlechtem Gewissen. Dass der Einsatz von Medien im pädagogischen Kontext aber ein ganz anderer ist als der, der zu Hause stattfindet, ist oftmals weder Fachkräften noch Eltern klar.

Wie können Kinder unterstützt werden, einen kompetenten, kritischen und kreativen Umgang mit Medien zu entwickeln? Wie lässt sich das kreative Potenzial digitaler Medien in der Elementarpädagogik nutzen? Wie können Medien spielerisch zum Thema gemacht werden und situationsorientiert und aktivierend als Werkzeug zum Einsatz kommen? Dieses Sonderheft liefert übersichtlich medienpädagogisches Grundlagenwissen, damit pädagogische Fachkräfte einschätzen können, welche Rolle Medien im Alltag der Kinder spielen, warum und wie sie Medien nutzen und was sie im Hinblick auf mögliche Wirkungen des Medienkonsums wissen sollten. Neben Basiswissen zur kindlichen Mediennutzung werden die Bedeutung der pädagogischen Fachkräfte und der Eltern für die frühkindliche Medienbildung beschrieben und Möglichkeiten der Beratung, Information und Fortbildung aufgezeigt.

Ergänzend liefert das Sonderheft einen roten Faden für die ersten Schritte in Richtung alltagsintegrierter Medienbildung: die Auseinandersetzung im Team mit dem Ist-Stand, mit Zielen des Medieneinsatzes und dem Medienkonzept, Fragen nach der Grundausstattung und den Rahmenbedingungen sowie Wissenswertes rund um Datenschutz und Sicherheit. Der Praxisteil beinhaltet einfache, leicht umsetzbare Anregungen für den pädagogischen Alltag. Mit Anwendungsbeispielen und vielen Fotos wird verdeutlicht, wie vielseitig sich die Grundbausteine im pädagogischen Alltag einsetzen lassen und wie Kinder spielerisch durch das aktive Arbeiten mit Medien mit diesen und über diese lernen. Abschließend sind hilfreiche Links und Literatur zusammengestellt, um die Auseinandersetzung mit der Thematik zu vertiefen, weitere Anregungen, Tipps und Ideen oder auch Hilfestellung zu vermitteln und Lust zu machen, das kreative Potenzial von Medien zu nutzen!

Susanne Roboom

Susanne Roboom

ist Dipl.-Pädagogin, seit 1997 Bildungsreferentin und seit 1998 Vorstand von Blickwechsel e. V. – Verein für Medien- und Kulturpädagogik (www.blickwechsel.org). Ihre Arbeitsschwerpunkte sind die medienpädagogische Qualifizierung von pädagogischen Fachkräften, der Medieneinsatz in Kita und Grundschule, praktische Medienarbeit mit Kindern und Jugendlichen und die medienpädagogische Elternarbeit.

Inhalt

Faszination Medien: Kinder fühlen sich angesprochen

I. Basiswissen: Kinder und Medien

1. Welche Medien werden von Kindern genutzt?

Medien sind selbstverständlicher Bestandteil des Alltags von Kindern. Kinder werden fotografiert und gefilmt, dürfen Apps nutzen, fernsehen und Hörspiele hören, sie gucken Fotos und Filme auf Smartphones und Tablets und sehen sich analoge und auch digitale Bilderbücher an. Schon die Kleinen kennen Alexa und Co., sehen Erwachsene regelmäßig und intensiv mit dem Smartphone hantieren und haben nicht selten eine Auswahl digitaler Spielzeuge in ihrem Kinderzimmer. Fernsehserien werden gestreamt, Haushaltsgeräte programmiert, es gibt Schulranzen mit Trackingfunktion und digitale Bilderrahmen im Eingangsbereich des Kindergartens. Die Aufzählung ließe sich problemlos fortsetzen und zeigt nur einige Facetten der Medienvielfalt und starken Medienpräsenz auf, mit der Kinder heute ganz selbstverständlich aufwachsen.

Leitmedium
Fernsehen

Frühes Einstiegsalter bei Mediennutzung

Die vom Medienpädagogischen Forschungsverbund Südwest (MPFS) im Februar 2018 veröffentlichte FIM-Studie 2016 „Familie, Interaktion, Medien" belegt, dass im Vergleich zur Studie von 2011 das Durchschnittsalter der ersten Nutzung für die meisten Mediengeräte gesunken ist, der Einstieg der Kinder in die Medienwelt also zunehmend früher stattfindet. Jüngere Eltern geben hinsichtlich aller Medien ein früheres Einstiegsalter für die Mediennutzung des erstgeborenen Kindes an als ältere Eltern. Schon kleine Kinder dürfen z. B. im Restaurant oder auf Bahnfahrten das Tablet oder Smartphone gegen die aufkommende Langeweile nutzen.

Das Fernsehen ist noch immer Leitmedium von Kindern – wie auch für Familien, wenn es um die gemeinsame Mediennutzung geht. Im Kindergartenalter stehen der Kinderkanal „KIKA" von ARD und ZDF und klassische Kindersendungen wie das „Sandmännchen", die „Sendung mit der Maus" und die „Sesamstraße" sowie Zeichentrickserien wie z. B. „Wicki und die starken Männer" ganz vorn auf der Beliebtheitsskala der Kinder. Im Schnitt sehen 2- bis 3-Jährige eine gute halbe Stunde täglich fern, 4- bis 5-Jährige rund 50 Minuten. Eine knappe halbe Stunde widmen beide Altersgruppen täglich Bilderbüchern.

Besonders interessant: Tablets und Smartphones

Aber auch die Zahl der Kinder, die auf dem Tablet oder Smartphone spielen oder gucken dürfen, nimmt stetig zu. Inzwischen hört man von Kindern immer öfter, sie hätten „Tablet geguckt", wenn man sie nach ihren Medienerlebnissen fragt. Knapp ein Viertel der Kindergarten- und Grundschulkinder sieht sich täglich oder zumindest mehrmals pro Woche Fotos oder Videos auf dem Smartphone an. Rund ein Drittel der 2- und 3-Jährigen nutzt allein oder zusammen mit den Eltern Apps. Schon knapp die Hälfte der 6- bis 7-Jährigen geht zumindest gelegentlich online. Kindergartenkinder nutzen das Tablet überwiegend zum Spielen, ab dem Grundschulalter dann auch für die Hausaufgaben und zum Recherchieren. Doch obwohl digitale Medien eine zentrale Rolle im Alltag von Kindern spielen, gehören für die deutliche Mehrheit noch immer Freunde treffen und draußen spielen zu den beliebtesten Freizeitaktivitäten.

2. Warum nutzen Kinder Medien?

Kinder wollen dazugehören, mitreden können, sich auskennen – das gilt auch für Medien und ihre Inhalte. Wie auch wir Erwachsenen nutzen Kinder Medien(inhalte) nicht nur zur Unterhaltung, Information oder Entspannung, sondern auch als Kommunikationsanlass. Kinder tauschen sich aus über das, was sie gesehen, gehört oder gespielt haben. Plüschfiguren und bedruckte Brotdosen, Hausschuhe, Trinkflaschen oder Kleidungsstücke geben Hinweise auf die aktuellen Medienvor-

Onlinetipp

www.blickwechsel.org

In der Rubrik „Medienpädagogik" findet man unter „Surftipps" Studien, die die Medienausstattung und Mediennutzung im Kindes- und Jugendalter untersucht haben und die wachsende Verbreitung und Bedeutung von Medien belegen.

lieben der Kinder. Auch ein gewisses Maß an sogenannter Angstlust spielt eine Rolle. So wie viele Erwachsene gerne Krimis lesen oder sehen, mögen auch Kinder bis zu einem gewissen Grad fesselnde Inhalte – wenn sie altersgerecht gemacht sind. Kinder suchen außerdem Identifikationsobjekte für Wunschträume und Allmachtsfantasien und auch Vorbilder. Fernsehhelden und -heldinnen dienen Kindern als Projektionsfläche, mit ihnen können sie Wünsche oder Aspekte ihrer sich ausbildenden Persönlichkeit auskundschaften oder probeweise ausleben: „So bin ich!", „So möchte ich sein!", „So etwas erleben wie ...!". Medieninhalte und -figuren können auch zur Ablenkung dienen und für eine Weile unerfüllte Wünsche oder frustrierende Erlebnisse vergessen machen.

Tablets werden immer häufiger von Kindern genutzt

In Medien Antworten finden

„Medienspuren", also kindliche Medienerfahrungen, die z. B. im Spiel, in Gesprächen oder Zeichnungen ausgedrückt werden, geben nicht nur Hinweise auf die aktuellen Interessen und Vorlieben der Kinder, sondern oftmals auch darauf, welche Entwicklungsthemen diese gerade bearbeiten:

- Selbstbehauptung
- Junge/Mädchen sein
- Freunde finden und behalten
- groß werden usw.

Kinder erkunden ihre Umwelt, versuchen sie zu begreifen, sehen sich mit Anforderungen und Erwartungen konfrontiert, die sich altersgemäß verändern. Um Antworten auf ihre vielen Fragen zu finden, suchen Kinder Informationen und Verhaltensanregungen. Dazu verwenden sie auch Material aus Medien. Vor allem das Fernsehen bietet eine breite Palette an Menschen und Charakteren mit unterschiedlichen Eigenschaften und Verhaltensweisen und eröffnet Einblicke in (noch) unbekannte Welten.

3. Mediennutzung in Familien

Mobile, digitale Medien sind zu wichtigen Hilfsmitteln für die Alltagsorganisation geworden und nehmen auch in der Kommunikation von Familien immer mehr Platz ein. Die FIM-Studie 2016 untersuchte die Kommunikation und Mediennutzung in Familien. Sie zeigt auf, dass praktisch alle Haushalte mit Kindern über mindestens ein Mobiltelefon verfügen. Nahezu alle Familien haben einen Internetzugang, einen Fernsehapparat und ein Radiogerät, 93% einen Computer oder einen Laptop. Bemerkenswert ist die Tablet-Ausstattung, die sich im Vergleich zur letzten FIM-Studie von 2011 verdreifacht hat und inzwischen bei 57% liegt. Auch wenn Streamingdienste auf dem Vormarsch sind, steht noch immer das lineare Fernsehen ganz oben, wenn es um die gemeinsame Mediennutzung in Familien geht. Knapp 70% der Eltern bestätigen, dass das gemeinsame Fernsehen am Abend vor dem Schlafengehen stattfindet, und ein Viertel sieht mit Kindern beim Abendessen fern.

Vorlesen als wesentlicher Entwicklungsbeitrag

Etwa ein Drittel der Eltern liest den Kindern täglich vor. Die Vorlesestudie 2012 der Stiftung Lesen zeigte auf, dass Kindern aus bildungsnahen Familien bis zur Einschulung deutlich mehr vorgelesen wird als Kindern aus sozial schwächeren Milieus. Das ist problematisch, denn Vorlesen ist von ganz wesentlicher Bedeutung für die Entwicklung von zentralen Kompetenzen wie Konzentrations-

Kinder brauchen Eltern als kompetente Medienbegleiter*innen

fähigkeit, Fantasie, Kreativität, Sozialverhalten und Empathie. Die Vorlesestudie 2017 weist darauf hin, dass Eltern insgesamt zu spät mit dem Vorlesen anfangen: Mehr als die Hälfte der Eltern liest ihren Kindern im 1. Lebensjahr nicht regelmäßig vor, mehr als ein Viertel auch nicht in den ersten drei Lebensjahren. Dabei geben über 90% der Kinder, die für die Vorlesestudie 2016 quer durch alle Bildungsschichten befragt wurden, an, dass es ihnen sehr gefällt, wenn ihnen vorgelesen wird.

Die FIM-Studie 2016 befragte Eltern auch zur Einschätzung ihrer Medienerziehungskompetenz. Demnach schätzt sich etwa ein Drittel als „sehr kompetent" und gut die Hälfte als „etwas kompetent" ein. Mehr als die Hälfte der Eltern betrachtet die Medienentwicklung der letzten Jahre ambivalent und nimmt sowohl positive als auch negative Aspekte für das Familienleben wahr. Je sicherer sich Eltern hinsichtlich der familiären Medienerziehung fühlen, umso weniger problematisch nehmen sie die Medienentwicklung wahr.

4. Risiken von Medien und Rolle der Eltern

Medien sind ein wichtiger Sozialisationsfaktor, aber sie sind nicht allein verantwortlich für die Ausbildung von Verhaltensweisen. So wie problematische Medieninhalte allein nicht aggressives Verhalten auslösen, so bewirken positiv bewertete Medieninhalte nicht automatisch erwünschte Verhaltensweisen. Medien sind nur ein Teil des Systems, in dem Kinder aufwachsen. Folgende Faktoren spielen eine entscheidende Rolle dafür, wie Medienvorbilder in das kindliche Verhaltensrepertoire integriert werden:

- das Kind selbst mit seinen Erfahrungen und seinem Entwicklungsstand
- die Situation, in der Medien genutzt werden
- die Art, wie Medieninhalte aufgenommen und verstanden werden
- das Umfeld und seine Spiel- und Bewegungsmöglichkeiten
- die Eltern mit ihren Verhaltensweisen, Erwartungen und Ängsten
- der Freundeskreis und andere Bezugspersonen
- und natürlich auch der Medieninhalt

Je weniger tragfähig die Angebote und Vorbilder in ihrer – realen – Lebenswelt sind, umso mehr Bedeutung erhalten die medialen Identifikationsangebote. Die Frage nach der Wirkung von Medien lässt sich also nicht pauschal mit einfachen Reiz-Reaktions-Mechanismen erklären, sondern muss unter Berücksichtigung der jeweiligen Lebenssituation, des Umfelds, der Bedürfnislage sowie des Kenntnis-, Erfahrungs- und Entwicklungsstands des Kindes betrachtet werden.

Vorbildverhalten der Eltern

Medienerfahrungen sammeln Kinder primär im familiären Kontext, dort entwickeln und prägen sie erste Mediennutzungsstile. Den Eltern kommt hier also eine ganze wesentliche Vorbildfunktion zu. Die Art, wie der Medienumgang in der Familie gestaltet und besprochen wird, hängt auch vom Bildungshintergrund und dem Beschäftigungsverhältnis der Eltern ab. Die Unterschiede zeigen sich sowohl in der Mediennutzung selbst als auch in der Ausstattung sowie in der Begleitung der Kinder bei der Mediennutzung. Eltern mit geringem Bildungshintergrund lesen weniger Zeitung und Bücher, nutzen seltener das Internet und spielen mehr digitale Spiele. Ein vielseitiger, zielgerichteter Umgang mit digitalen Medien findet eher nicht statt und es gibt weniger oder keine Regeln zum Umgang mit Medien. Die FIM-Studie 2016 belegt, dass der Bildungshintergrund starken Einfluss auf die Einschätzung der eigenen Medienkompetenz hat. Demnach fühlen sich rund 20% der Eltern mit geringer formaler Bildung wenig oder gar nicht fit für Fragen der Medienerziehung.

Die Studie AVG Digital Diaries 2015 der Firma AVG Technologies (EUKidsOnline-DE 2015) hat 6.000 Eltern aus neun Ländern zur Nutzung und zum Stellenwert von digitalen Medien im Familienalltag befragt. Mehr als die Hälfte der befragten Kinder findet, dass ihre Eltern das Smartphone zu häufig benutzen, und mehr als ein Drittel fühlt sich dadurch unwichtig. Tatsächlich findet auch über die Hälfte der befragten Eltern selbst, dass sie ihre digitalen Geräte zu häufig nutzen. Gut ein Viertel der Eltern schätzt sich selbst in dieser Hinsicht nicht als gutes Vorbild für die eigenen Kinder ein.

Wie bereits andere Studien zuvor zeigt auch die Studie ADELE (Activités – Digitales – Education – Loisirs – Enfants; Schoch u.a. 2018) auf, dass die Zeit, die Kinder mit digitalen Medien verbringen, von der Vermittlung und den Regeln der Eltern abhängt. Auch die Jahreszeit und das Wetter beeinflussen die Nutzung: Je mehr Alternativen es in der Freizeitgestaltung gibt, umso weniger nutzen Kinder digitale Medien.

Mediennutzungsvertrag abschließen

Deshalb ist es wichtig, dass pädagogische Fachkräfte den Eltern deren Vorbildfunktion bewusst machen. Informationen dazu sollten besonders folgende Punkte mit einschließen:

- Eltern sollten darauf achten, kindgerechte, altersangemessene Inhalte auszuwählen.
- Medien sollten nicht als Babysitter genutzt werden und nicht als festes Ritual den Alltag strukturieren.
- Es muss auch mal medienfreie Zeiten geben, z.B. beim Essen, in Gesprächen oder beim Abholen vom Kindergarten.
- Eltern sollten es vermeiden, Mediennutzung bzw. -verbot als Belohnung oder Bestrafung einzusetzen, denn so erhöht sich der Stellenwert von Medien für Kinder: Verbotenes ist immer interessant.

Pädagogische Fachkräfte sollten Eltern auch hinsichtlich klarer Absprachen mit Kindern zur Mediennutzung beraten. Hilfestellung bietet hier z.B. ein Mediennutzungsvertrag, der als Gesprächsgrundlage dienen und von den Familien auf ihre Bedürfnisse hin angepasst werden kann. Generell sollten Kindergartenkinder Medien am besten zusammen mit ihren Eltern nutzen, damit sie die Möglichkeit haben, über Inhalte zu sprechen und diese zu verarbeiten.

Onlinetipp

www.mediennutzungsvertrag.de
Hier können Eltern gemeinsam mit ihren Kindern Regeln zum familiären Medienumgang vereinbaren.

www.blickwechsel.org
In der Rubrik „Medienpädagogik" findet man unter „Surftipps ... für Kinder" Unterstützung und Orientierungshilfen zur Auswahl von geeigneten Kindermedien.

www.rananmausundtablet.de
Die Rubrik „EXTRA: Medien in der Familie" gibt Tipps und Informationen zur Zusammenarbeit mit Eltern.

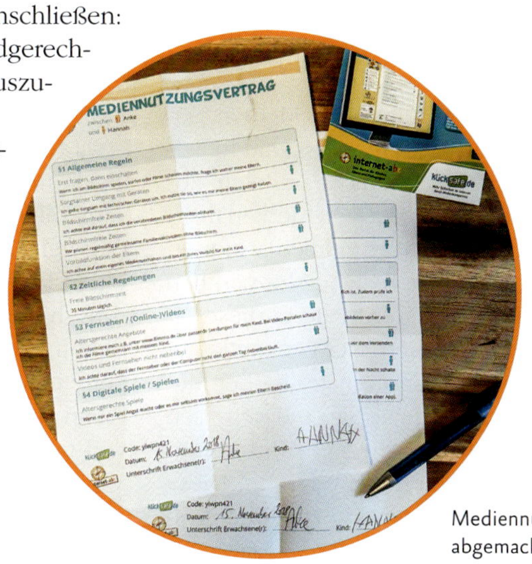

Mediennutzung: abgemacht!

Mediennutzung: gewusst wie!

II. Medien in der Kita – Grundlagen

1. Lebenswelt und Bildungsauftrag: Medien sind Thema!

Medien gehören zum Alltag und Medien faszinieren Kinder. Die Digitalisierung hat inzwischen Ausmaße erreicht, die Parallelen zur Industrialisierung ziehen lassen. Medienabstinenz lässt sich in einer derartig mediatisierten und digitalisierten Welt nicht mehr wirklich realisieren. Obwohl Kinder heute in diese digitale Welt hineingeboren werden, bedeutet das nicht, dass sie auch automatisch über Medienkompetenz verfügen. Sie müssen den verantwortungsvollen, kritischen und kreativen Umgang mit Medien erst erlernen. Diese Förderung der kompetenten Nutzung von Medien ist eine Aufgabe für Familien, Kindertageseinrichtungen und Schulen. Zentrale Vorbilder sind in frühen Jahren vor allem die Eltern. Doch nur ein Drittel der Mütter und etwa die Hälfte der Väter schätzen sich selbst als kompetent im Hinblick auf Fragen des sinnvollen Umgangs mit (digitalen) Medien ein (vgl. Deutsches Jugendinstitut e. V. 2016). Eltern benötigen Unterstützung und Orientierungshilfen, und hier sind Kindertageseinrichtungen als erstes Glied in der Bildungskette eine zentrale Anlaufstelle. Sie können – wenn sie über die entsprechende Kompetenz verfügen – Eltern beraten und begleiten.

Medien als Bestandteil früher Bildung

Das Institut Jugend Film Fernsehen (JFF) weist in seiner Expertise „Grundlagen zur Medienerziehung in der Familie“ im Rahmen der Studie „Mobile Medien in der Familie“ von 2016 darauf hin, dass Eltern ebenso wie Kindertageseinrichtungen und Schulen sich mit der wichtigen Aufgabe der Medienerziehung auseinandersetzen müssen (vgl. JFF – Institut für Medienpädagogik 2016). Der 6. Zwischenbericht „Bildung und Forschung“ (2013) der Enquete-Kommission Internet und digitale Gesellschaft des Deutschen Bundestags streicht heraus, dass die zunehmende Digitalisierung neue Anforderungen und Fragen an Bildung stellt – und zwar auch an die frühe Bildung. „Neben Rechnen, Schreiben und Lesen ist das Lernen und Leben in der digitalen Welt zu einer weiteren Kulturtechnik geworden“ (Dirk Loßack in Lange 2017, S. 2).

Kitas unterstützen Kinder im Rahmen der frühkindlichen Bildung auch dabei, sich in der Welt zu orientieren, und bereiten sie auf Anforderungen und Aufgaben des täglichen Lebens vor. Insbesondere im Rahmen der angestrebten Chancenangleichung in den öffentlichen Bildungseinrichtungen gewinnt die Förderung von Medienbildung an Bedeutung, denn die Zugangschancen von Kindern sind sehr unterschiedlich. Wir stehen vor der Herausforderung, innerhalb der Medienwelten Chancen zu bieten, am kulturellen und gesellschaftlichen Leben gleichberechtigt teilzuhaben.

Medien in den Erziehungs- und Bildungsplänen

Die Erziehungs- und Bildungspläne der Bundesländer schaffen den Orientierungsrahmen für die Bildungsarbeit in Kindertageseinrichtungen. Die kreative Nutzung von Medien ist im gemeinsamen Rahmen der Länder für die frühe Bildung in Kindertageseinrichtungen (Jugendministerkonferenz/Kultusministerkonferenz 2004) zu finden, in den erstmals die Medienkompetenzförderung aufgenommen worden ist: „Was den Umgang mit Medien angeht, gehört zur Medienkompetenz als dem obersten Ziel von Medienbildung auch die Fähigkeit, Medien zweckbestimmt und kreativ zu nutzen und damit eigene Werke herzustellen“ (ebd., S. 5). Dieser Rahmen fasst Medien mit der musischen Bildung zu einem Bildungsbereich zusammen und benennt den aktiven Umgang der Kinder mit Medien als Teil der Bildungsarbeit in Kindertageseinrichtungen. Inzwischen ist in fast allen Bildungsplänen der einzelnen Länder der Bereich Medien in irgendeiner Form verankert, jedoch selten als eigenständiger Bildungsbereich. Medien sind längst allgegenwärtiger Bestandteil des Alltags und haben entwicklungs- und bildungsrelevantes Potenzial. Der aktive, kreative und reflektierende Umgang mit Medien ermöglicht nicht nur das Lernen mit Medien, sondern auch das Lernen über Medien. So können Kinder dabei unterstützt werden, Medien kompetent und kritisch zu nutzen, und erhalten Verarbeitungshilfen für ihre Medienerlebnisse.

2. Chancen und Ziele von Mediennutzung in der Kita

Das Thema Medien und die Erfahrungen, die Kinder tagtäglich mit Medien machen, aus der pädagogischen Arbeit auszuklammern, hieße, einen großen Anteil der kindlichen Lebenswelt außen vor und pädagogische Chancen, die im sinnvollen, kreativen Umgang mit Medien stecken, ungenutzt zu lassen. Dabei geht es nicht darum, Kinder möglichst früh fit zu machen für die Anforderungen oder die Arbeitswelt von morgen, sondern sie

- beim Aufwachsen zu begleiten,
- ihr Interesse an Medien aufzugreifen,
- ihnen Verarbeitungs- und Orientierungshilfen anzubieten,
- einen chancengleichen, vielseitigen, kreativen Umgang mit Medien zu ermöglichen und
- die kindliche Medienkompetenz zu fördern.

Medienkompetenz muss erst erworben werden

Medienbildung im Kita-Alltag

Kinder sind von Medien fasziniert. Medien können Kindern dabei helfen, sich in der Welt zu orientieren. Dafür ist ein Verstehen der Medienwelten wichtig. Bilderbücher, Hör- und TV-Geschichten und Spiele bieten Erfahrungs-, Erlebnis- und Informationsmöglichkeiten.

Medien sind längst nicht mehr nur „Erfahrungen aus zweiter Hand". Medien sind auch Mittel zum Gestalten, Dokumentieren, Forschen, Beobachten, Präsentieren und Reflektieren. Wenn Kinder mit der Kamera Beobachtungen festhalten, Prozesse dokumentieren und unter Wasser Froschlaich knipsen oder wenn sie eigene Bilderbücher und Trickfilme erstellen, mit dem Mikrofon auf Geräuschejagd gehen und Interviews führen, wenn sie Projektergebnisse präsentieren und dabei angeregt werden, Lernerfahrungen zu reflektieren, dann gehen schon Kindergartenkinder kreativ, planerisch und reflektiert mit (digitalen) Medien um. Sie lernen so nicht nur ein kreatives Gestaltungs- und Ausdrucksmittel kennen, sondern lernen auch viel über Medien: darüber, wie Medien gemacht werden und wie sich z. B. durch Einstellung, Perspektive und Nachbearbeitung Wirkung erzeugen lässt.

Kindern Medienbildung ermöglichen

Das bedeutet nicht, dass andere wesentliche Erfahrungsbereiche durch Medien verdrängt oder ersetzt werden sollen, sondern dass Medien im Themenspektrum wie auch im Methodenrepertoire frühkindlicher Bildung einen angemessenen und konzeptionell durchdachten Platz bekommen müssen. Kinder haben ein Recht auf Medien(bildung).

Medienbildung zielt darauf ab, Kinder zu verantwortungsvollen, kritischen und kompetenten Nutzern und Nutzerinnen zu machen und Medien auch als Ausdrucks-, Gestaltungs- und Bildungsmittel verwenden zu können. Das Lernen mit und über Medien in der frühkindlichen Bildung sollte verschiedene Dimensionen berücksichtigen (s. Grafik unten):

Dimensionen des Lernens mit Medien

Medien zum Thema machen:
Kindliche Themen und Interessen aufgreifen, Kindern durch Mal- und Gesprächsangebote oder Rollenspiele Verarbeitungshilfen anbieten.

Medien(inhalte) nutzen und beurteilen:
Gemeinsam verschiedene Medien nutzen, vergleichen, beurteilen und auswählen lernen.

Medien aktiv verwenden:
Medien produktiv nutzen, Medien auch als Ausdrucks- und Gestaltungsmittel für Erlebnisse, Ideen und Themen kennenlernen und die Machart von Medien durchschauen.

Quelle: Roboom 2019

3. Einstieg in die Arbeit mit Medien

Wenn pädagogische Fachkräfte Medien zum Thema machen und in den Kita-Alltag integrieren wollen, sollten sie sich im Team zusammensetzen und beraten, welche Perspektiven, Erwartungen und Zielvorstellungen vorhanden sind und welche Aspekte beachtet werden müssen. Dabei ist wichtig, dass der Einsatz von Medien pädagogisch durchdacht und mit Konzept erfolgt. Technische Medien sollen nicht andere erprobte Mittel und Methoden verdrängen. Es geht darum, das eigene pädagogische Handeln zu reflektieren und daraufhin zu überprüfen, wo der Einsatz von Medien eine sinnvolle Ergänzung und Optimierung des pädagogischen Repertoires darstellt.

Grundausstattung für den Medieneinsatz in der Kita

Alle in diesem Sonderheft beschriebenen Bausteine lassen sich entweder mit dem Tablet, der Foto- bzw. Videokamera oder dem Mikrofon durchführen. Für einige Vorhaben wie z. B. Trickfilmprojekte wird zusätzlich ein Stativ benötigt. Zusammen mit einem Computer und einem Drucker sowie im Idealfall vielleicht sogar noch einem Beamer ergibt sich daraus eine solide Grundausstattung, mit der sich vielseitig und kreativ arbeiten lässt. In den nachfolgenden Kapiteln zu den Einsatzmöglichkeiten der Fotografie sowie der Audio- und Videoarbeit werden die Unterschiede und ggf. Anforderungen an die jeweiligen Geräte noch mal etwas spezifiziert. Allerdings sind alle Praxisbausteine dieses Sonderhefts so konzipiert, dass sie keine Profigeräte erfordern, sondern mit möglichst einfachen Mitteln realisierbar sind. Fast alle Kitas verfügen inzwischen über eine digitale Fotokamera mit Videofunktion und viele haben auch ein Mikrofon. Bevor weitere Anschaffungen getätigt werden, sollte zunächst mit den vorhandenen Möglichkeiten gearbeitet und experimentiert werden.

Checkliste: Integration von Medien in den Kita-Alltag

Ist-Stand, Ziele und Konzeptarbeit

- ✔ Auseinandersetzung mit kindlichen Medienwelten und Sozialisationsbedingungen
- ✔ Entwicklung einer Haltung zum Thema „Kinder und Medien"
- ✔ Was steht im Bildungsplan?
- ✔ Welche Ziele verfolgt die Kita mit dem Medieneinsatz?
- ✔ Gespräch mit Fachberatung/Träger
- ✔ Wie passt Medienbildung in die Kita-Konzeption?
- ✔ Wie sollen die Eltern informiert und eingebunden werden?

Konkrete Planung und Umsetzung

- ✔ Welche Kompetenzen sind im Team bereits vorhanden? Welcher Schulungsbedarf besteht?
- ✔ Welche Ideen und Methoden zum Einsatz von Medien passen in das Konzept der Einrichtung?
- ✔ Welche rechtlichen Aspekte gilt es zu bedenken?
- ✔ Welche Ausstattung ist vorhanden und was wird noch gebraucht?
- ✔ Welche Schritte stehen als Nächstes konkret an und wer kümmert sich um was?
- ✔ Welche Änderungen ergeben sich hinsichtlich der Raumgestaltung und der Abläufe?

Auswertung und Nachhaltigkeit

- ✔ Was lief innerhalb der Aktionen/Projekte gut? Was lief weniger gut? Was sollte beim nächsten Mal anders geplant werden?
- ✔ Konnten sich alle nach ihren Möglichkeiten beteiligen?
- ✔ Wie war die Zusammenarbeit im Team? Haben alle kooperiert?
- ✔ Welche neuen Erkenntnisse haben die Kinder/die Eltern/die Fachkräfte gewonnen?
- ✔ Welche Vorgehensweisen und Tipps sollen festgehalten und für das Team/die Einrichtung dokumentiert werden?
- ✔ Wie soll es weitergehen? Was werden die nächsten Schritte sein?
- ✔ Wie wird Medienbildung in das Konzept der Kita integriert?

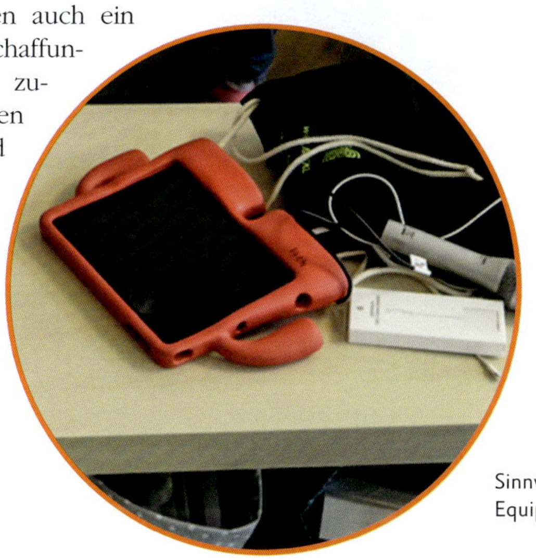

Sinnvolles Equipment

Onlinetipp

www.rananmausundtablet.de
Hier ist in der Rubrik „Medien im Bildungseinsatz" unter „Ausstattung: Was wird gebraucht?" eine Zusammenstellung von Software und Apps für den kreativen Einsatz digitaler Medien zu finden.

Digitale Werkzeugkiste zusammenstellen

Digitale Medien sind Werkzeuge im pädagogischen Prozess und nicht alle Werkzeuge „liegen einem gleich gut in der Hand". Es geht also auch darum, ein Gespür dafür zu bekommen, was einem liegt. Sind es eher die Möglichkeiten der Audioarbeit oder doch die der Fotografie oder das Filmen? Wer technisch eher unerfahren ist, sollte sich zunächst auf ein Gerät konzentrieren, damit arbeiten und Sicherheit bekommen. Gerade die digitale Fotografie ermöglicht einen leichten Einstieg in die medienpraktische Arbeit und lässt sich ohne große technische Vorkenntnisse realisieren.

Welche Technik passt in den Kita-Alltag?

Steht allerdings im Kita-Team gerade die Entscheidung an, Technik anzuschaffen, sollten durchaus Tablets in Betracht gezogen werden. Die „digitalen Alleskönner" vereinen in einem einzigen Gerät einen Fotoapparat, eine Videokamera, ein Mikrofon und, je nach installierten Apps, Bücher, Spiele, Filme und Geschichten sowie eine Fülle von kreativen Werkzeugen und Anwendungsmöglichkeiten. Tablets sind leicht, platzsparend, mit Schutzhülle und Schutzfolie auch relativ robust und situativ einsetzbar. Für die pädagogische Arbeit können zunächst einfach die „Bordmittel" verwendet werden, also die Apps, die bereits vorinstalliert sind: Kamera, Mikrofon, die Galerie, in der die Fotos und Videos abgespeichert werden und die auch einige Bearbeitungsmöglichkeiten anbietet, oder die Notizen- bzw. Memo-App, in der auch digital gemalt werden kann.

Auswahlkriterien für digitale Medien

Egal, um welches Medium es bei der Anschaffung geht: Grundsätzlich gilt es auf Robustheit zu achten, denn was hilft ein Hightech-Gerät, wenn es aus Angst vor Beschädigung den Kindern nicht in die Hand gegeben wird? Bei digitalen Kameras sollte Outdoor-Modellen, die Wasser, Sand und Stürze aushalten, der Vorzug gegeben werden. Bei Mikrofonen haben sich die kleinen handlichen Easi-Speak-Modelle bewährt und für Tablets sind Schutzhüllen und Schutzfolien ein Muss. Da sich der Angebotsmarkt rasend schnell verändert, wird an dieser Stelle auf konkretere Kauftipps verzichtet. Allgemein sollte beachtet werden, dass die Technik gut in der Hand liegt, robust, übersichtlich und nicht zu kleinteilig gestaltet ist. Hilfreich ist auch ein guter Kundenservice, wie ihn der Fachhandel vor Ort bietet, wenn man lokal statt online einkauft.

4. Planung und Durchführung von Medienangeboten

Alle im Folgenden beschriebenen Praxisbausteine sind so formuliert, dass sie sich je nach Thema und Zielsetzung variieren und anpassen lassen. Immer sind Anwendungsideen aufgeführt, die durch Beispielfotos veranschaulicht werden. Diese sollen auch dazu dienen, den Kindern die Aufgabenstellung zu verdeutlichen. Das fällt anhand von Bildmaterial manchmal leichter als nur verbal. Dabei sollte aber stets darauf geachtet werden, weder sich noch die Kinder unter Perfektionsdruck zu setzen.

Im Vorfeld werden die (medien-)pädagogischen Lernziele formuliert. Es gilt, darauf zu achten, den Anspruch nicht zu hoch anzusetzen. Die Aktionen und Projekte müssen stets an den Interessen und dem Tempo der Kinder ausgerichtet werden. Natürlich sollen die Kinder zufrieden sein mit dem Produkt, das gemeinsam erstellt wird. Aber die Fachkraft muss immer Prozess und Produkt im Auge behalten. Dabei sollte die Frage ins Zentrum gestellt werden, an welcher Stelle die Kinder noch animiert werden, sich mit ihrer kreativen Gestaltung auseinanderzusetzen, und wann stattdessen das von der Fachkraft angestrebte Ergebnis im Vordergrund steht. Für die Sichtung von Zwischenergebnissen und die Reflexion der einzelnen Arbeitsphasen ist ausreichend Zeit einzuplanen. Die Kinder brauchen Raum, um ihre Eindrücke und Erfahrungen zu äußern. Reflexion und Austausch sind von zentraler Bedeutung für die Entwicklungs- und Lernprozesse der Kinder.

Kinder aktiv einbinden

Wenn nicht ausreichend Technik oder Betreuungspersonen zur Verfügung stehen, damit alle Kinder gleichzeitig medienpraktisch arbeiten können, können die übrigen Kinder durch

Aufgabenverteilung rund um Medienproduktionen

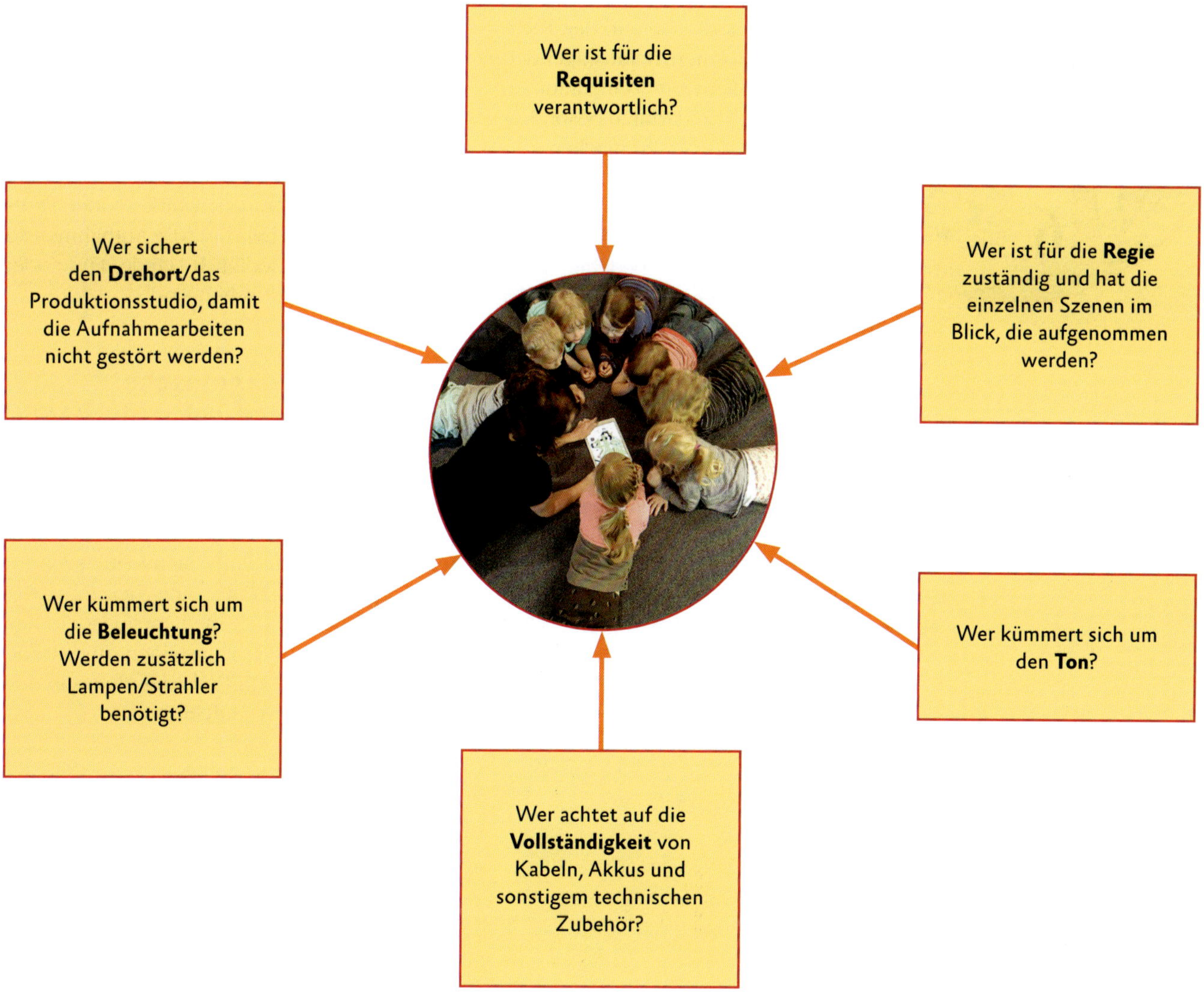

Aufgaben und Aktionen rund um die Medienaktivität eingebunden werden. Bei kleineren Aktionen bieten sich thematisch passende Spiel-, Mal- und Bastelangebote an. Sind etwas größere Medienprojekte geplant, z. B. die Erstellung eines Hörspiels oder Films, ergeben sich daraus – wie bei „richtigen" Produktionen – viele Aufgaben. Die Kinder überlegen und sammeln, worauf man alles achten muss, was es zu tun gibt und wer welche Aufgabe übernimmt.

Regeln im Umgang mit Medien festlegen

Gemeinsam mit den Kindern werden vor der Medienaktion Verhaltensregeln und Nutzungsvereinbarungen zum Umgang mit der Technik aufgestellt – so wie es auch für andere empfindliche Spielgeräte oder Werkzeuge gemacht wird. Dabei ist darauf zu achten, die Technik nicht „auf ein Podest" zu stellen. Wenn in der Einrichtung auch sonst keine Prüfungen oder Führerscheine für Geräte oder Werkzeuge gemacht werden, sollte auch bei den digitalen Geräten nicht damit angefangen werden, denn sonst besteht die Gefahr, der Technik einen herausragenden Stellenwert einzuräumen und sie dadurch besonders interessant zu machen.

Nutzungsregeln bildlich darstellen

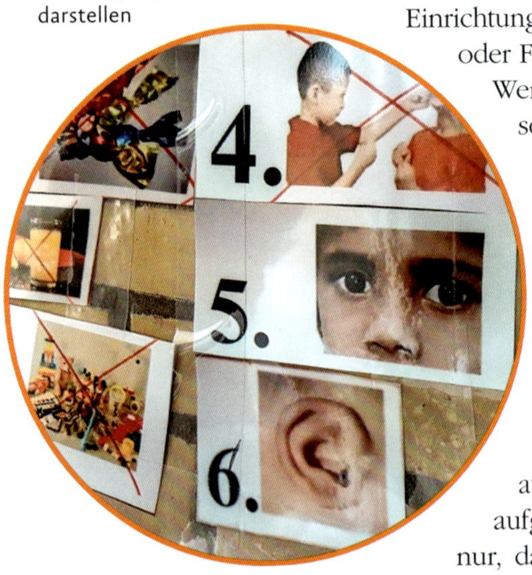

Nach der Aktion wird, wie auch bei anderen Aktivitäten, aufgeräumt. Das bedeutet nicht nur, dass die Gerätschaften wieder ordentlich weggeräumt werden, sondern auch, dass in regelmäßigen Abständen die Foto-, Video- und Audiodateien auf einer Festplatte gesichert und dann vom Gerät gelöscht werden.

Datenschutz und Datensicherung beachten

Unbedingt zu beachten ist, dass keine Foto-, Video- oder Audioaufnahmen ohne Einverständniserklärung der Eltern gemacht oder veröffentlicht werden. Und natürlich sollten auch die Kinder damit einverstanden sein, wenn ihre Werke veröffentlicht werden. Ein Muster für eine Einverständniserklärung und eine detaillierte Checkliste rund um rechtliche Fragen gibt es auf www.rananmausund tablet.de in der Rubrik „Medien & Recht".

Im Vorfeld der Aktion ist die Frage zu bedenken, wie die entstehenden Produkte gesichert werden sollen. Wenn das in der praktischen Arbeit eingesetzte Gerät ebenso für die Lern- und Entwicklungsdokumentation genutzt wird, befinden sich darauf viele Aufnahmen, für die Datenschutzbestimmungen gelten. Diese Aufnahmen dürfen nur so lange wie unbedingt nötig aufbewahrt werden und sind anschließend unverzüglich zu löschen. Sie sollten regelmäßig auf einen externen Datenträger wie z. B. eine externe Festplatte gezogen und dann vom Arbeitsgerät entfernt werden.

Für Anwendungen, die auf mobilen Geräten laufen, bietet sich die Datensicherung vor allem in Clouds an. USB-Sticks und externe Festplatten, die sich durch ein Passwort schützen lassen, sind dagegen gute Möglichkeiten, Daten ohne Internetzugang zu sichern. Zentrales Stichwort – nicht erst seit der im Mai 2018 in Kraft getretenen Datenschutzgrundverordnung (www.dsgvo-gesetz.de) – ist „Datensparsamkeit". Im Kontext der medienpraktischen Arbeit bedeutet das, genau zu überlegen, ob es notwendig ist, dass die Kinder erkennbar aufgenommen werden, oder ob es nicht völlig ausreichend ist, die Aufnahmen so anzufertigen, dass lediglich Hände, Füße oder Rückenansichten zu sehen sind.

5. Medienpädagogische Unterstützung für Fachkräfte

Wie soll man am besten mit Medien in der Kita umgehen? Wie können Medien im Kita-Alltag sinnvoll eingesetzt werden? Im Internet finden sich hier einige sinnvolle Seiten für pädagogische Fachkräfte. Eine Vielzahl weiterer hilfreicher Links zu medienpädagogischen Angeboten, Methodenbausteinen und Informationsmaterial ist am Ende des Heftes in den Onlinetipps (s. S. 54) aufgeführt.

Internetseiten für pädagogische Fachkräfte zum Thema Medieneinsatz und -kompetenz

Webseiten	Inhalte der Seiten
www.blickwechsel.org/medienpaedagogik	Auf dieser Seite sind methodische Anregungen, hilfreiche Materialien, Literaturempfehlungen und Surftipps rund um den kreativen, bildungsförderlichen Einsatz von Medien zu finden. Der Blickwechsel ist ein gemeinnütziger Verein, der sich seit über 25 Jahren für die Medienkompetenzförderung engagiert und in vielen Bundesländern medienpädagogische Fortbildungen und Elterninformationsveranstaltungen anbietet. Viele Veranstaltungen von Blickwechsel e. V. sind von Landesmedienanstalten, Ministerien oder Stiftungen finanziert und somit für die Kindertageseinrichtungen komplett oder nahezu kostenfrei.
www.gutes-aufwachsen-mit-medien.de	Für die Beratung und Unterstützung von pädagogischen Fachkräften und Eltern hat das Bundesfamilienministerium das Initiativbüro „Gutes Aufwachsen mit Medien" ins Leben gerufen. Es soll Bund, Länder, Kommunen und Unternehmen vereinen, um gemeinsam Rahmenbedingungen für ein „gutes Aufwachsen mit Medien" weiterzuentwickeln. Das Initiativbüro bündelt dafür Angebote zur Beratung, Information und Vernetzung, unterstützt die Gründung von lokalen Netzwerken und fördert so die medienpädagogische Zusammenarbeit zwischen lokalen Medienkompetenzzentren, Kindertagesstätten, Schulen oder Vereinen.
www.klicksafe.de/referentensuche	In vielen Bundesländern können Kitas kostenlos oder kostengünstig medienpädagogische Unterstützung für die Durchführung eines Infoabends für Eltern oder das Kita-Team in Anspruch nehmen. Eine Übersicht mit Kontaktadressen bietet die EU-Initiative „Klicksafe".
www.medienkindergarten.wien	Medienkindergarten (MeKi) ist eine Initiative des Wiener Bildungsservers zur Förderung medienpädagogischer Aktivitäten im Elementarbildungsbereich. MeKi informiert rund um die Medienbildung im Kindergarten, stellt Praxisideen für die Medienarbeit vor und unterstützt bei der Auswahl geeigneter Medien.
www.rananmausundtablet.de	Das Materialpaket „Ran an Maus und Tablet", das von der Hessischen Landesanstalt für privaten Rundfunk und neue Medien (LPR Hessen) kostenlos als Onlineangebot und USB-Stick für Kitas und Grundschulen zur Verfügung gestellt wird, regt pädagogische Fachkräfte an, sich auf den Weg zu machen und Medien im Bildungsprozess einzusetzen. Das Materialpaket enthält praxiserprobte Methodenbausteine, leicht verständliche Schritt-für-Schritt-Anleitungen, Orientierungshilfen rund um Hardware, Software und Apps, die wesentlichen rechtlichen Grundlagen, Informationen zu Beratungsangeboten für Eltern und viele Tipps und Links.

III. Praxisbausteine: Wahrnehmen, Beobachten, Aktivieren

1. Medien erleben und verarbeiten

Kinder erleben Medien als Vermittler von Unterhaltung und Information, schätzen sie als Spielzeug, sehen sie aber auch als Arbeitsgerät und Alltagsbegleiter, denen große Aufmerksamkeit zukommt. Das Interesse und die Faszination der Kinder sollte von pädagogischen Fachkräften aufgegriffen werden. Medien zum Thema zu machen, unterstützt Kinder dabei, ihre Medienerlebnisse zu verarbeiten und die Bedeutung von Medien im Alltag zu verstehen. Wenn Kinder Medien selbst aktiv verwenden, können sie mediale Ausdrucks- und Gestaltungsmittel erproben. Auch Wahrnehmungsschulung ist nicht nur ein wichtiges Ziel der Elementarpädagogik, sondern grundlegender Bestandteil der medienpädagogischen Arbeit. Wenn Kinder Fotorätsel knipsen oder auf Geräuschejagd gehen, werden sie zum genauen Hinsehen und Hinhören, zum bewussten Wahrnehmen, zum Beobachten ihrer Umgebung angeregt. Pädagogische Fachkräfte können Kinder so aktivieren, Medien anders als bisher zu nutzen, sie kreativ und produzierend zu verwenden und nicht nur zu konsumieren. Kinder lernen auch viel über Medien, wenn sie mit Medien lernen.

Die in diesem Kapitel beschriebenen Praxisbausteine eignen sich für die Arbeit mit Kindern ab etwa 3 Jahren, wobei der Fokus auf den ab 5-Jährigen liegt. Wenn in altersgemischten Gruppen gearbeitet wird, müssen die jüngeren Kinder aber nicht ausgeschlossen werden. Können Kinder die Erfahrung machen, dass digitale Medien als gleichrangiges Angebot oder Werkzeug zu analogen Medien im Kita-Alltag zum Einsatz kommen, verliert sich erfahrungsgemäß schnell der Reiz des Neuen, und es ist keinesfalls so, dass alle immer nur an die Technik wollen.

Wenn Kinder Medien nutzen, geht es auch darum, sich auszukennen, mitreden zu können, dazuzugehören. Medien haben soziale und integrative Funktionen. Die Medienheld*innen bieten darüber hinaus Projektionsfläche für eigene Wünsche, Bedürfnisse und Vorstellungen, sie dienen als Identifikationsobjekte. Doch nicht alle Inhalte sind für Kinder verständlich und problemlos zu verarbeiten. Auch wenn Kinder mit Medien aufwachsen, bedeutet das nicht, dass sie automatisch kritisch und kompetent damit umgehen können. Mit Angeboten, die den kindlichen Medienerlebnissen Raum geben, werden Kinder dabei unterstützt, die Inhalte und Ausdrucksformen besser zu verstehen und zu verarbeiten. Sie bekommen so auch die Gelegenheit, Medien und ihre Inhalte kritisch zu betrachten, und werden angeregt, sich mit dem eigenen Medienumgang auseinanderzusetzen.

1. Nachfragen – Medien zum Thema machen

Material:
- Medienlieblinge der Kinder als Plüschtier, Buch, Foto, auf Kleidung, Brotdosen usw.
- ggf. Fotokamera oder Tablet

Im Gespräch über Medienerlebnisse, über Vorlieben und Abneigungen erzählen die Kinder viel von sich selbst und gleichzeitig werden Reflexionsprozesse angestoßen und Verarbeitungshilfen eröffnet. Die Fachkraft fragt die Kinder, was sie gerade gesehen, gehört oder gespielt haben. Sie fragt nach, wenn die Kinder Sendungen oder Spiele nennen, lässt sich von den Inhalten erzählen und hakt nach, warum die Kinder diese oder jene Figur so gerne mögen, woher sie sie kennen, was die Figur erlebt usw. In einer offenen, nicht wertenden Gesprächsatmosphäre erzählen die Kinder gerne und engagiert von den Gründen für ihre Vorlieben und somit auch einiges über sich selbst und ihre aktuellen Themen und Interessen.

Dabei sollen alle Kinder ausreden können. Die Fachkraft achtet darauf, dass sich niemand über die Idole der anderen Kinder lustig macht. Akzeptanz ist vor allem bei „frag-

Lernziele der Praxisbausteine „Medien erleben und verarbeiten"
- Medienerlebnisse zum Ausdruck bringen
- Auseinandersetzung mit eigenen Vorlieben, Wünschen, Stärken, Fähigkeiten
- Förderung der Kommunikationsfähigkeit und Wortschatzerweiterung
- Anregung der Kreativität, Fantasie und Experimentierfreude
- Medieninhalte bewerten lernen
- Umgang mit Fotokamera bzw. Tablet erleben

Smartphone „analog"

Kinder malen ihre Medienidole

würdigen Vorlieben", also Sendungen, Spielen und Figuren, die als nicht unbedingt geeignet eingeschätzt werden, Voraussetzung für authentische Antworten der Kinder. Es gilt, normative Bewertungen in der Frage zu vermeiden wie z.B. „Findest du den etwa gut?". Denn dann besteht die Gefahr, dass die Kinder genau das erzählen, was sie als gewünschte Antwort vermuten. Die Fragen sollten offen und wertfrei gestellt werden: „Warum gefällt der dir? Was findest du an dem besonders gut?" Die Fachkraft animiert die Kinder, ihre Medienlieblinge als Plüschtier, Buch, Foto, auf Kleidungsstücken oder Brotdosen mitzubringen. Daraus gestalten die Kinder eine Mediengalerie, die für eine Weile als Ausstellung im Kindergarten bleiben kann. Sie liefert immer wieder Gesprächsanlässe und kann Katalysator für weitere Aktionen wie Mal- oder Rollenspielangebote sein.

2. Malen mit Medien

Material:

- Papier und Malstifte
- Computer mit Malprogramm (z.B. MS Paint oder Tuxpaint) oder Tablet mit Mal-App (z.B. Notizen-App bzw. Memo-App)

Kinder tragen auf vielfältige Art und Weise ihre Medienerfahrungen in den Kindergartenalltag hinein. Und auch in ihren Zeichnungen und Bildern werden ihre Medienerlebnisse sichtbar. Zeichnen ist für Kinder eine wichtige Form der täglichen Weltaneignung und nonverbale Ausdrucksform. Das Spannende und Besondere an vielen Kinderzeichnungen ist, dass sie mehrdeutig sind und es sichtbare und unsichtbare Elemente gibt. Diese Bedeutungsebenen werden nur erkennbar, wenn Kinder die Möglichkeit bekommen, davon zu erzählen. Das Malangebot kann sich sehr gut an das Gespräch über Medienvorlieben und Medienlieblinge anschließen.

Die Fachkraft leitet das Angebot mit einer kurzen Gesprächsrunde ein, in der sie die Kinder fragt, was sie gerne gucken, lesen, hören oder spielen. Sie lässt die Kinder erzählen

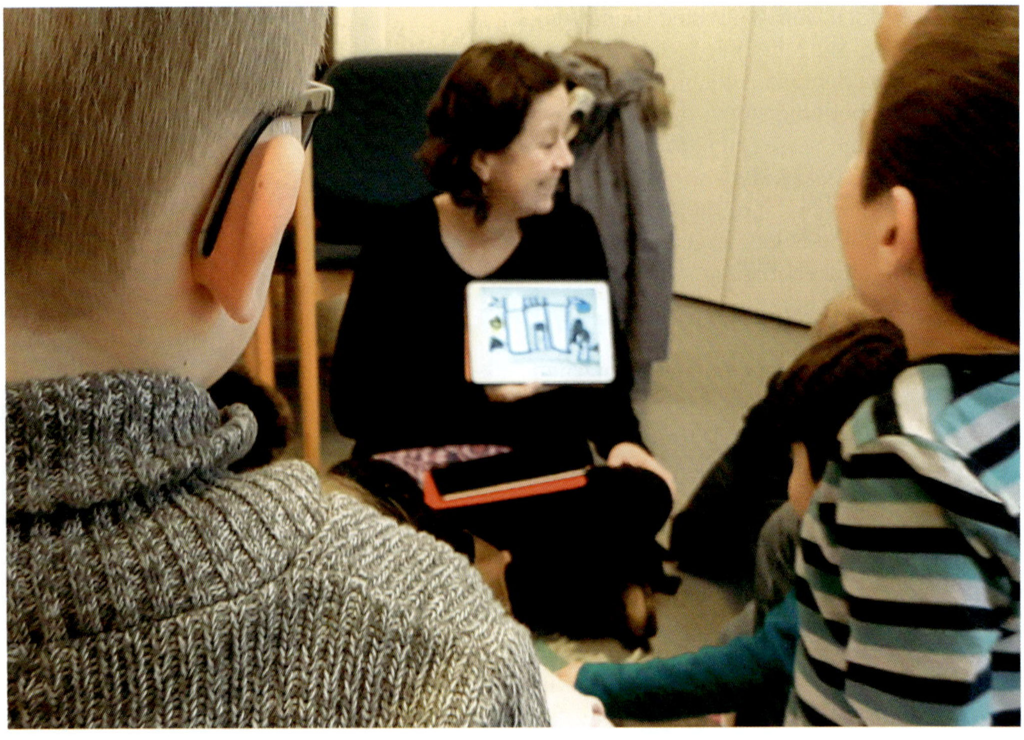

Auf dem Tablet kreativ werden

und regt sie an, ihre Medienlieblinge zu malen. Das kann klassisch mit Stiften und Papier geschehen. Es kann aber auch digital gemalt werden: am Tablet oder am Rechner. Im Anschluss erzählen die Kinder, was oder wen sie gemalt haben. Die Fachkraft stellt dazu Fragen und lässt sich die Bildelemente erklären.

Praxistipp

Viele Verlage bieten die Illustrationen aus ihren Büchern kostenlos als PDF zum Download an. Auf der Webseite des jeweiligen Verlags ist meist über das Schlagwort „Bilderbuchkino" im Suchfeld die Downloadseite zu finden.

3. Digitale Medien und Vorlesen

Material:

- thematisch passende Bilderbücher
- ggf. Tablet mit Bilderbuch-App oder PDF des ausgewählten Bilderbuchs
- ggf. Beamer

Auch das Vorleseangebot kann an den Themen und medialen Vorlieben der Kinder ausgerichtet werden. Neben der klassischen Bilderbuchbetrachtung ist ein Bilderbuchkino eine interessante Alternative. Die überdimensionalen Bilder sind faszinierend und das Betrachten im Dunkeln ermöglicht eine Konzentration auf Details. Bilderbuch-Apps bieten neben der Geschichte auch kleine Spiele an und einzelne Figuren oder Gegenstände sind animiert. Die Fachkraft liest die Geschichte vor. Die Kinder betrachten im Buch oder auf der Projektionsfläche die Bilder zur Geschichte. Sie werden von der Fachkraft durch offene Fragen und Beobachtungsaufgaben zum Erzählen angeregt. Die Vorlesefunktion kann an- und ausgeschaltet werden. Die Aufnahmefunktion ermöglicht das Aufnehmen von Geräuschen oder Musik, die zur Geschichte passen, oder auch das Einsprechen eigener Texte zu einzelnen Passagen, z. B. in unterschiedlichen Sprachen. So eröffnet sich eine weitere Möglichkeit zur Bearbeitung der angebotenen Geschichte.

4. Spiele über und mit Medien

Material:

- Verkleidungsutensilien
- ggf. Schwungtuch, Kriechtunnel oder Flickenteppich
- ggf. thematisch passende Fotoprojektionen (Beamer oder Diaprojektor)
- ggf. Tablet mit der App „Puppet Pals HD Director's Pass" für iOS

Rollenspiele eröffnen Kindern eine weitere Möglichkeit, ihre Medienerlebnisse zu verarbeiten. Mit einer Fantasiereise können sie eingestimmt werden: Ein Schwungtuch wird zum Fallschirm, ein Kriechtunnel zur Zauberröhre oder ein bunter Flickenteppich zum fliegenden Zauberteppich – und los geht z. B. die Reise ins Medienland. Auch Fotos, die per Beamer oder Diaprojektor großformatig an

Rollenspiele zu Medienerlebnissen

Praxistipp

Die App „Puppet Pals HD Director's Pass" für iOS funktioniert wie eine digitale Puppenbühne und kann eine kreative digitale Variante des Rollenspiels sein. Hier können aus selbst gestalteten oder fotografierten Figuren und Hintergründen Spielszenen wie auf einer digitalen Puppenbühne präsentiert und abgespeichert werden, sodass diese anschließend als Film wiedergegeben werden können. Einen Praxisbericht zum Einsatz dieser sowie weiterer Apps gibt es auf www.datenbank-apps-fuer-kinder.de in der Rubrik „Praxisberichte".

Hat es euch gefallen?
Daumen hoch!

die Wand projiziert werden, können eine gute Einstimmung auf das Spiel sein und die Fantasie anregen: eine alte Ritterburg, ein Märchenwald oder eine Unterwasserlandschaft. Tipp: Die Webseite www.bildersuche.org bündelt Bildersuchmaschinen und hilft, kostenlose Fotos zu finden. Die pädagogische Fachkraft stellt den Kindern Fragen wie z. B. „Wen treffen wir dort?“ oder „Was passiert dort gerade?“ und regt sie so zum Assoziieren und Fantasieren an.

Onlinetipp

www.rananmausundtablet.de
In der Rubrik „EXTRA: Medien in der Familie" findet man Anregungen zur Zusammenarbeit mit Eltern sowie Bezugsadressen für medienpädagogische Infobroschüren.

www.blickwechsel.org
In der Rubrik „Medienpädagogik" werden unter „BildungshAPPchen" Orientierungshilfen und konkrete Empfehlungen zur Bewertung und zum Einsatz von Kreativ-Apps gegeben.

5. Medien bewerten

Material:
- Buch, Spiel oder Hörspiel, das gemeinsam bewertet wird
- Zeichnungen oder Screenshot zum bewerteten Medieninhalt
- ggf. Bewertungsbogen
- Papier/Pappe
- Klebstoff

Wenn Kinder Verarbeitungshilfen für ihre Medienerlebnisse erhalten, geht es auch darum, zu einer bewussteren, kritischen Nutzung zu gelangen. Werden in der Einrichtung also gemeinsam analoge und digitale Bücher gelesen, Spiele gespielt, Hörspiele gehört oder vielleicht sogar eine Sendung angesehen, sollen die Kinder anschließend ihre Meinung dazu äußern können. Dazu stellt die Fachkraft den Kindern Fragen: „Was hat euch gut gefallen? Was weniger gut? Warum?“

Um einen Medieninhalt, z. B. eine Spiele-App, fundierter zu bewerten, überlegt die Fachkraft gemeinsam mit den Kindern, welche Bewertungskriterien zugrunde gelegt werden sollen. Die Fachkraft sammelt und notiert die Ideen der Kinder und regt an – falls die Kinder nicht selbst darauf kommen –, darüber nachzudenken, ob man bei Problemen Hilfestellung bekommt, sich im Spiel gut zurechtfindet und es jederzeit speichern und beenden kann. So entsteht eine Liste, die verschiedene Bewertungskriterien enthält.

Die Kriterien können mithilfe von Symbolen, die sich die Kinder dazu überlegen, visualisiert werden. Die Kinder entscheiden, ob sie Smileys, Noten oder eine bestimmte Anzahl von Sternchen oder Punkten zur Bewertung vergeben wollen. Die Fachkraft lässt die Kinder ihre Bewertung begründen. Um auch die Eltern einzubeziehen, kann z. B. der Medientipp der Woche ausgehängt werden: Ein Bild des bewerteten Produkts wird mit einer kurzen Beschreibung versehen und durch die Bewertung der Kinder ergänzt. Zusätzlich können die Fachkräfte Tipps und Materialien zur familiären Medienerziehung auslegen. So kommen Kinder und Eltern wie auch Eltern und Fachkräfte miteinander über Medien ins Gespräch.

Mögliche Bewertungskriterien für Spiele-Apps

Spiel und Spaß:
Sind die Inhalte altersangemessen, interessant, amüsant, die Aufgaben verständlich, der Schwierigkeitsgrad variabel?

Orientierung:
Findet man sich im Spiel gut zurecht? Sind die Symbole (z. B. für die Hilfe, zum Beenden oder für das Menü) verständlich? Sind Lesekenntnisse notwendig? Ist Speichern und Beenden jederzeit möglich?

Aktion:
Gibt es Möglichkeiten, selbst aktiv zu werden (z. B. Tonaufnahmen oder Fotos zu machen, Bastelanregungen)?

Gestaltung:
Gefällt die Musik? Sind die Figuren sympathisch, ansprechend?

Hilfestellung:
Sind die Erklärungen hilfreich und verständlich?

2. Fotosafaris anbieten

Die meisten Kinder können schon mit der Kamera umgehen, viele dürfen auch zu Hause mit dem Smartphone der Eltern mal einen Schnappschuss machen. Es geht also in der pädagogischen Fotoarbeit eher darum, den Blick für das einzelne Foto zu schärfen und sich bewusst zu machen, was man aufnehmen und damit aussagen möchte. Die Kinder erfahren, dass sich – je nach Perspektive und Einstellung, nach Ausschnitt und Lichtverhältnissen – ganz unterschiedliche Wirkungen erzielen lassen. Mit der Fotokamera als Werkzeug in pädagogischen Prozessen können problemlos Suchspiele und Wahrnehmungsübungen realisiert werden. Je nach gewähltem thematischem Schwerpunkt geht es darum, den Blick der Kinder auf Details, auf kleine unscheinbare Dinge zu lenken oder sie auf ein Thema einzustimmen, z. B. auf

- Buchstaben
- Zahlen
- Mengen
- Formen
- Farben
- markante Punkte

Die Fotos, die im Rahmen der verschiedenen Fotosafari-Angebote entstehen, können vielfältig weiterverwendet werden. Aus eigenen Fotos gestaltete Anlauttabellen, Fotomagnete, Fotomemorys oder Fotopuzzles sind kreative Ergänzungen im

Details in den Blick nehmen

Lernziele der Praxisbausteine „Fotosafari anbieten"

- Wahrnehmungsschulung
- Förderung der Kommunikationsfähigkeit
- Förderung der Kooperations- und Teamfähigkeit
- Wortschatzerweiterung
- Anregung der Kreativität, Fantasie und Experimentierfreude
- Umgang mit Fotokamera bzw. Tablet einüben
- mediale Ausdrucksmittel kennenlernen
- aktive Gestaltung eigener Medienprodukte

Gruppen- oder Funktionsraum. Auch T-Shirts oder Beutel lassen sich durch entsprechende Folien mit eigenen Fotos bedrucken. Wenn die Kita keinen eigenen Drucker hat, sind Fotogeschäfte, Drogeriemärkte oder Onlineanbieter gute Anlaufstellen. Auch durch eine Ausstellung in der Kita oder Schule oder in der Umgebung können die Werke der Kinder gewürdigt werden. Sehr eindrucksvoll sind dabei Vergrößerungen, durch die die Fotos noch besser zur Geltung kommen, und ungewöhnliche Hintergründe, wie z. B. Stoff, Geschenk- oder Packpapier, Alufolie oder Tapetenbahnen, auf denen die Bilder präsentiert werden.

Worauf achten beim Fotografieren?

Grundlegend ist ein sorgsamer Umgang mit der Technik, damit diese keinen Schaden nimmt. Die Kinder müssen die Kamera gut festhalten, wenn möglich sollte eine Handschlaufe an der Kamera befestigt werden, die um das Handgelenk gelegt wird. Die Fachkraft zeigt den Kindern die Linse der Kamera. Sie ist das „Auge" der Kamera und entsprechend empfindlich, deshalb sollte möglichst nicht auf die Linse gefasst werden. Beim Fotografieren werden die Kinder von der Fachkraft immer wieder dazu animiert, bewusst durch den Kamerasucher zu sehen: Ist wirklich das im Bild, was fotografiert werden soll? Sie ermutigt die Kinder, nah an das Motiv heranzugehen, damit nicht zu viel mitfotografiert wird, was für die Bildaussage nicht gebraucht wird.

Grundsätzlich gilt es zu beachten, dass man andere Menschen nicht einfach so fotografieren und die Fotos auch nicht ohne deren Einwilligung veröffentlichen darf, denn es gibt das „Recht am eigenen Bild". Wenn also geplant ist, die entstehenden Fotos zu veröffentlichen, müssen im Vorfeld die Einverständniserklärungen eingeholt werden. Auf www.rananmausundtablet.de ist in der Rubrik „Medien & Recht" eine Mustervorlage abrufbar.

Wirkung von Perspektiven und Einstellungen

Beim Fotografieren wie auch beim Filmen gibt es unterschiedliche Perspektiven (Vogel-, Frosch- und Normalperspektive) und verschiedene Einstellungen (Totale, Halbtotale, Halbnah, Nah oder Detail). Die Wahl einer bestimmten Perspektive beeinflusst ganz wesentlich die Wirkung der Aufnahme. Aus der

Dieselbe Blume – aus drei verschiedenen Perspektiven

Einstellung: Detail, Nah, Halbnah

Froschperspektive, also von unten aufgenommen, wirkt das Motiv größer und mächtiger als aus der Vogelperspektive, die es eher klein erscheinen lässt. Aus der Normalperspektive zu fotografieren bedeutet, auf Augenhöhe des Motivs zu sein. Wenn also Kinder Erwachsene aus der Normalperspektive aufnehmen wollen, müssen sie sich auf einen Stuhl stellen. Wollen Erwachsene Kinder normalperspektivisch fotografieren, müssen sie in die Knie gehen. Auch die Wahl der Einstellung entscheidet über die Wirkung einer Aufnahme. Je nach Einstellung wird ein Detail in den Fokus genommen und dadurch hervorgehoben (Detail- oder Nahaufnahme) oder z. B. ein Überblick über die Situation verschafft (Totale).

Grundausstattung

Für die Fotoarbeit in der Kita eignen sich robuste Outdoor-Kameras sehr gut. Sie sind wasserfest, können also auch am und im Wasser zum Einsatz kommen. Außerdem vertragen sie auch mal einen Sturz und durch das innen liegende Objektiv kann ihnen Sand oder Staub nichts anhaben. Alle derzeit erhältlichen Modelle haben auch eine Videofunktion. Die mitgelieferte Schlaufe sollte unbedingt an der Kamera befestigt und dann während des Einsatzes grundsätzlich ums Handgelenk gelegt werden. Wenn für die Fotoarbeit ein Tablet genutzt wird, sollte eine Schutzhülle angeschafft werden. Es gibt robuste Hüllen aus festem Schaumstoff, die mit Griffen versehen und so für die Projektarbeit hervorragend geeignet sind. Daran lässt sich auch ein Band befestigen, das um das Handgelenk der Kinder gelegt werden kann. Zusätzlich schützen Display-Folien das Tablet, wenn es doch mal herunterfällt.

Für viele Fotoaktionen ist ein Stativ sehr hilfreich oder sogar unverzichtbar. Damit es auch von den Kindern getragen und verwendet werden kann, sollte es ein kompaktes Dreibein-Stativ sein, das leicht und robust ist. Die kostengünstigere Aluminiumvariante reicht völlig aus, das leichtere Carbon ist nicht nur teurer, sondern auch deutlich empfindlicher. Ob Dreh- oder Klemmverschlüsse zum Verstellen der Standhöhe bevorzugt werden, ist ein bisschen Geschmackssache. Am besten probiert man das Handling und die Standfestigkeit des Stativs im Geschäft aus. Für Tablets gibt es passende Stativköpfe, die auf ein normales Stativ aufgesetzt werden, oder auch eigene kleine Stative, die ab etwa € 10 erhältlich sind. Tabletstative lassen sich z. B. auch aus Bausteinen, Pappe, Buchständern, Toilettenpapierrollen, Drahtbügeln oder Holz selbst bauen. Jede Menge Anleitungen sind dazu im Internet zu finden.

Fotoexperimente: Selfie, Posing, Balkenbrille

1. Erste Fotos: Porträts und Experimente

Material:
- digitale Fotokamera oder Tablet mit Kamera-App
- ggf. Stativ
- ggf. Verkleidungsutensilien und Schminke
- ggf. Sandspielzeug, Federballschläger usw.

Als Einstieg in die Fotoarbeit können sich die Kinder dazu äußern, wer schon mal fotografiert hat und womit, denn man kann inzwischen außer der Fotokamera auch das Smartphone oder Tablet zum Fotografieren verwenden. Außerdem ist interessant:
- Wer fotografiert in der Familie am häufigsten?
- Zu welchen Anlässen wird fotografiert?
- Wo überall hängen Fotos?
- Welche Fotos mögen die Kinder am liebsten und warum?

Die Kinder überlegen, was zu einer Kamera dazugehört (z. B. Objektiv, Display, Auslöser, Blitz und Speicherkarte) und wo die Kamera eingeschaltet wird bzw. wo die Kamera-App auf dem Tablet zu finden ist. Sie schalten die Kamera oder das Tablet ein und suchen den Auslöser bzw. den Aufnahmebutton. Die ersten Aufnahmen sollten am besten in Kleingruppen gemacht werden, damit die Kinder möglichst oft an der Kamera sein können. Sie können sich zunächst ohne Aufgabenstellung gegenseitig fotografieren. Um das Foto-Shooting etwas aufzulockern, können auch Schminke und Verkleidungsutensilien zum Einsatz kommen. Jedes Kind darf beliebig in Rollen schlüpfen, Gesichter ziehen und herumprobieren.

Die Fachkraft regt die Kinder an, auch mal andere Perspektiven zu wählen, beim Fotografieren z. B. in die Knie zu gehen und von unten zu knipsen (Froschperspektive) oder sich zum Fotografieren auf einen Stuhl zu stellen (Vogelperspektive). In der anschließenden Auswertungsrunde können sich die Kinder dazu äußern, ob die Fotos so geworden sind, wie sie das beabsichtigt haben. Sie stellen fest, dass die Fotos je nach Perspektive unterschiedlich wirken. Dadurch schärfen sie ihren Blick für das einzelne Foto und setzen sich mit Gestaltungsfragen auseinander. Sie befassen sich damit, wie unterschiedlich sie auf Fotos aussehen, was ihnen besser oder weniger gut gefällt und was anderen Kindern gefällt. Aus den entstandenen Fotos kann z. B. ein eigenes Gruppenmemory gestaltet werden: Zu einem Foto vom unverkleideten Kind gehört das Foto vom verkleideten Kind bzw. ein Foto aus der Vogel- oder Froschperspektive.

Weitere Anwendungsbeispiele und Varianten

Wie Gefühle aussehen

Die pädagogische Fachkraft fragt die Kinder, ob sie sich an Situationen erinnern, in denen sie z.B. traurig, wütend, ängstlich oder fröhlich waren. Dabei entwickelt sich ein Gespräch über diese Situationen, warum die Kinder diese Gefühle hatten und welche Gefühle sie noch kennen. Wie sind diese Gefühle im Gesicht und vielleicht sogar an der Körperhaltung zu erkennen? Das Erkennen von Gefühlen schult die Selbst- und die Fremdwahrnehmung und fördert Empathiefähigkeit. An das Gespräch schließt sich eine Fotoaktion an: Jedes Kind stellt mehrere Gefühle dar und wird von einem anderen Kind dabei geknipst. Die Kinder merken schnell, dass es gar nicht so einfach ist, auf Befehl wütend, traurig oder glücklich auszusehen. Wenn zwei oder mehr Kameras vorhanden sind, kann in Kleingruppen gearbeitet werden, und die jeweils andere Gruppe rät anschließend, welche Gefühle jeweils abgelichtet worden sind. Aus den Gefühlsporträts kann ein Fotomemory gestaltet werden.

Als Variante oder Vertiefung werden die Gefühlsporträts zerschnitten und die Kinder raten: Zu welchem Kind gehören diese Augen, der Mund, die Nase? So werden die Kinder zu bewussterer Beobachtung und Wahrnehmung der individuellen Besonderheiten angeregt. Etwas anspruchsvoller ist das Mischen der in Streifen geschnittenen Gefühlsporträts wie bei einem Mix-Max-Spiel: die Gesichtspartien verschiedener Kinder, die das gleiche Gefühl darstellen, oder auch die Gesichtspartien der Kinder, die verschiedene Gefühle darstellen. Gemeinsam wird erkundet: Welche Partie des Gesichts ist zentral, um die Emotion zu erkennen? Ist die dargestellte Emotion noch zu erkennen, wenn die Gesichtspartien verschiedener Kinder miteinander gemischt werden? Welche Emotion dominiert den Gesichtsausdruck? Der lachende Mund oder die wütenden Augen?

Wie Scheinriesen entstehen

Die pädagogische Fachkraft erzählt den Kindern, dass man mit Fotos auch sehr gut tricksen kann. So können die Kinder ähnlich wie bei „Jim Knopf" zu Scheinriesen werden oder wie im Märchen ein winziger Däumling sein, sie können in einem Sandeimer abtauchen, im Spielzeugbagger sitzen oder auf einem Federballschläger stehen. Natürlich werden die Kinder fragen, wie das gehen soll. Die Fachkraft regt an, es gemeinsam auszuprobieren: Das Kind, das fotografiert werden soll, muss von der Kamera weiter entfernt sein als z.B. der Sandeimer, in dem es abtauchen will, oder der Federballschläger, auf dem es stehen soll.

Dadurch wird die Wahrnehmung getäuscht: Das Kind wirkt kleiner, als es tatsächlich ist, weil es von der Kamera weiter entfernt steht als der Sandeimer bzw. der Federballschläger. Das Kamerakind kontrolliert im Display und gibt eventuell Anweisungen, sich noch weiter zu entfernen bzw. etwas dichter heranzukommen, und nimmt ein Foto auf, wenn es mit der Szene zufrieden ist. Anschließend wird gewechselt, sodass alle Kinder, die möchten, sowohl vor als auch hinter der Kamera stehen. Dabei können verschiedene Größen-Ex-

Zwerge und Riesen fotografieren

perimente getestet werden, z. B. sich an ein „riesiges“ Plüschtier kuscheln, einbeinig auf einem Flaschenhals oder einem Ball balancieren, auf einer Sandburg oder einer Stuhllehne stehen. Manchmal müssen sich die Kinder zum Fotografieren hinknien oder hinlegen, damit der Effekt wirklich gut zur Geltung kommt. Am Display lässt sich das leicht nachvollziehen. Die Kinder sehen sich die entstandenen Fotos an. Die Fachkraft fragt, wie es sein kann, dass sie so klein bzw. groß aussehen, warum sie z. B. in den Sandeimer passen. Sie bittet die Kinder zu erklären, wie die Fotos entstanden sind. Die Kinder setzen sich auf diese Weise damit auseinander, wie sich mit Fotos tricksen lässt, sie schärfen ihren kritischen Blick und schulen ihr räumliches Verständnis.

2. Fotorätsel gestalten

Material:
- digitale Fotokamera oder Tablet mit Kamera-App

Fotorätsel sind Aufnahmen, auf denen nur ein kleiner Ausschnitt eines Gegenstands oder einer Person zu sehen ist. Es ist nicht auf Anhieb erkennbar, worum es sich handelt. Fotorätsel lassen sich gut zum Einstieg in die Fotoarbeit einsetzen, sind aber auch bestens geeignet, um Themen einzuführen oder zu vertiefen. Die Kinder gehen mit der Kamera durch die Einrichtung oder in den Garten und suchen sich einen beliebigen Gegenstand oder auch eine Person als Motiv. Davon sucht

Detailaufnahmen:
Was ist das wohl?

Buchstaben- und Zahlenausschnitte

sich das Kind, das die Kamera hat, ein Detail aus. Dieses sollte so gewählt werden, dass die anderen Kinder erst mal nicht erkennen, worum es sich beim ausgewählten Motiv handelt. Das Kind geht mit der Kamera so nah an das Motiv heran, dass ausschließlich das gewünschte Detail im Bild ist, und nimmt ein Foto auf. Dann wird das Rätsel aufgelöst, indem sich das Kind ein bisschen vom Motiv entfernt und ein zweites Foto macht, auf dem die Auflösung, also das gesamte Motiv, zu erkennen ist. Jedes Kind sollte mindestens zwei Rätsel fotografieren, d.h. vier Fotos machen. Zurück im Gruppenraum werden die Rätselfotos angesehen und die Kinder raten, was jeweils fotografiert wurde.

Weitere Anwendungsbeispiele und Varianten

Wo ist das?

Fotorätsel eignen sich sehr gut, um Kinder dazu anzuregen, ihre Umwelt bewusster wahrzunehmen und auf Kleinigkeiten und Details zu achten. So können sie z.B. auch dabei unterstützt werden, sich in der Kita oder ihrem Umfeld besser zu orientieren. Die Kinder nehmen Fotorätsel, also Detailaufnahmen, z.B. in verschiedenen Gruppen- oder Funktionsräumen auf. Beim anschließenden Raten geht es dann nicht nur darum zu erkennen, welcher Gegenstand fotografiert wurde, sondern auch, wo sich dieser befindet.

Wer ist das?

Fotorätsel können auch zum genaueren Kennenlernen in Gruppen eingesetzt werden. Mit der Fragestellung „Wer ist das?“ bzw. „Wem gehört das?“ fotografieren die Kinder z.B. ein Ohr, ein Auge oder eine Nase, eine Brotdose, Hausschuhe oder einen Fahrradhelm und lassen die anderen Kinder raten.

Was ist das?

Mit Fotorätseln kann Sachwissen vertieft oder auch ein Thema eingeführt werden. Die Kinder gehen mit der Kamera z.B. auf die Suche nach Zahlen oder Buchstaben. Sie fotografieren ihre Fundstücke so, dass auf den Fotos jeweils nur ein Teil der Zahl oder des Buchstabens zu erkennen ist, und machen dann noch ein Auflösungsfoto, auf dem der ganze Buchstabe oder die ganze Zahl zu sehen ist.

3. Fotoreihen anfertigen

Material:
- digitale Fotokamera oder Tablet mit Kamera-App
- ggf. Sonnenbrillen, Hüte oder Wackelaugen

Fotoreihen sind mehrere Fotos zu einem Thema. Sie bieten sich also an, um Themen und Angebote in der Kita einzuführen, zu bearbeiten oder zu vertiefen. Die Fachkraft nennt den Kindern das Thema der Fotoreihe und bittet sie, dazu passende Gegenstände als Motiv zu suchen und zu fotografieren. Die Kinder gehen mit der Kamera durch die Einrichtung, über das Kitagelände oder, bei entsprechendem Betreuungsschlüssel, durch die nahe Umgebung. Sie suchen sich geeignete Motive,

Fotowort: „voll“ toll!

und jedes Kind macht mindestens zwei Fotos, die zum vorgegebenen Thema passen. Wenn genügend Kameras vorhanden sind, kann in Kleingruppen gearbeitet werden.

Weitere Anwendungsbeispiele und Varianten

Farben, Formen, Zahlen und Mengen

Die pädagogische Fachkraft formuliert in der Aufgabenstellung, welche Farbe oder Form, welche Zahlen oder Mengen in der Umgebung gesucht werden sollen. Die Kinder gehen mit der Kamera auf die Suche und fotografieren ihre Fundstücke. Beim Betrachten werden sie erstaunt feststellen, wie viele Varianten jede Farbe hat oder auch wie oft geometrische Formen im Alltag auftauchen. Die Fotos können ausgedruckt und sortiert werden. Daraus kann z. B. ein eigenes „Mathe-Buch“ erstellt werden, in dem Formen, Muster, Strukturen, Symmetrie, Zahlen und Mengen gesammelt, sortiert und präsentiert werden.

Fantasieren und Assoziieren

„Punkt, Punkt, Komma, Strich“ – bei dieser Beschreibung weiß jede*r sofort, dass ein Gesicht gemeint ist. Auch visuell gibt es Grundformen, die ein Gesicht assoziieren lassen. Die pädagogische Fachkraft zeigt den Kindern einige Beispiele und animiert sie, in der Umgebung nach „Gesichtern“ zu suchen und diese zu fotografieren. Durch Accessoires wie Sonnenbrillen, Hüte oder Wackelaugen kann der Eindruck verstärkt werden. Die Fotos können auch anschließend (digital) nachbearbeitet werden, z. B. durch ergänzende Zeichnungen.

Ein Gesicht entdeckt!

Das ABC in der Umgebung

Die Kinder gehen mit der Kamera auf die Suche nach Buchstaben in der Umgebung und versuchen, möglichst das ganze Alphabet zu finden. Die Foto-Buchstaben können anschließend z. B. für eine eigene Anlauttabelle, ein Memory oder ein Bilderwörterbuch weiterverwendet werden. Etwas anspruchsvoller und nur für Kinder, die sich mit den Buchstaben schon ein bisschen auskennen, ist die Suche nach Gegenständen, die wie Buchstaben aussehen. Daraus können dann einfache Worte gebildet werden.

Aussehen und Funktion

Fotoreihen können auch dafür eingesetzt werden, Sachwissen und Wortschatz von Kindern zu fördern und zu erweitern. Die Fachkraft bittet die Kinder, mit der Kamera auf die Suche z. B. nach Schuhen (oder Türen, Fahrrädern, Fenstern) zu gehen. Die Kinder fotografieren in Kleingruppen innerhalb einer festgelegten Zeit (z. B. zehn Minuten) so viele Schuhe, wie sie finden können. Beim Betrachten der Fotos stellen sie fest, dass es sehr viele verschiedene Schuhe gibt. Sie beschreiben ihre Fundstücke und versuchen, Unterschiede zu benennen. Dadurch stellen sie fest, dass Dinge, die die gleiche Funktion haben, dennoch sehr unterschiedlich aussehen können.

Was gehört nicht dazu?

Fotoreihen können Kinder dabei unterstützen, Gemeinsamkeiten zu finden und Prinzipien und Ordnungen erkennen. In Kleingruppen fotografieren sie mehrere Gegen-

Absender:

Vor- und Zuname

Straße

PLZ/Ort

(Auszubildende: Ausbildung endet ca. 20___)

❒ Ich wünsche einen Bankeinzug

Konto-Nr. Bankleitzahl

Bankinstitut

❒ Ich überweise nach Erhalt der Rechnung

Datum X Unterschrift

Bitte mit € 0,70 frankieren, falls Marke zur Hand.

Deutsche Post
ANTWORT

Verlag Herder
KundenServiceCenter

79080 Freiburg

Absender:

Vor- und Zuname

Straße

PLZ/Ort

(Auszubildende: Ausbildung endet ca. 20___)

❒ Ich wünsche einen Bankeinzug

Konto-Nr. Bankleitzahl

Bankinstitut

❒ Ich überweise nach Erhalt der Rechnung

Datum X Unterschrift

Bitte mit € 0,70 frankieren, falls Marke zur Hand.

Deutsche Post
ANTWORT

Verlag Herder
KundenServiceCenter

79080 Freiburg

Absender:

Vor- und Zuname

Straße

PLZ/Ort

(Auszubildende: Ausbildung endet ca. 20___)

❒ Ich wünsche einen Bankeinzug

Konto-Nr. Bankleitzahl

Bankinstitut

❒ Ich überweise nach Erhalt der Rechnung

Datum X Unterschrift

Bitte mit € 0,70 frankieren, falls Marke zur Hand.

Deutsche Post
ANTWORT

Verlag Herder
KundenServiceCenter

79080 Freiburg

kindergarten heute - wissen kompakt

– Themenheft zu fachwissenschaftlichen Inhalten

Ja, senden Sie mir bitte zum Preis von jeweils 17,00 € (D) (zzgl. Porto)

____ Ex. Sozial-emotionale Kompetenz von Kindern (P00 8714)
____ Ex. Traumapädagogik (P00 3293)
____ Ex. Schlüsselkompetenzen (P00 3384)
____ Ex. Hochbegabung (P00 3277)
____ Ex. Kinderängste (P00 7922)
____ Ex. Wie Kinder Denken (P00 7971)
____ Ex. Vom Säugling zum Schulkind (P00 7724)
____ Ex. Offene Arbeit in der Kita (P00 6973)
____ Ex. Pädagogische Handlungskonzepte (4001798)
____ Ex. Wahrnehmungsstörungen (P00 1800)
____ Ex. Interaktions- und Beziehungsgestaltung (4001772)
____ Ex. Auffälliges Verhalten (400 1749)
____ Ex. Vielfalt und Inklusion (400 1673)
____ Ex. Das Spiel des Kindes (400 1665)
____ Ex. Kindeswohlgefährdung (400 1533)
____ Ex. Sprachentw. u. -förderung (400 1384)
____ Ex. Feinfühligkeit im Umgang mit Kindern (400 1095)
____ Ex. Kinder unter 3 (400 1061)
____ Ex. Beobachten und dokumentieren (400 0923)

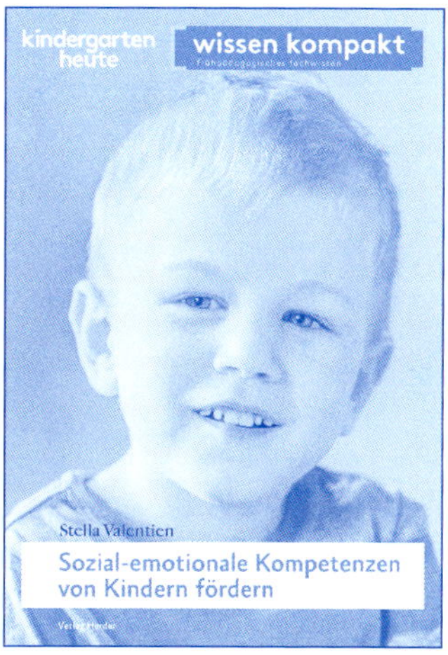

Ab 5 Exemplaren einer Ausgabe gelten unsere günstigen Mengenpreise.
Rufen Sie uns einfach an: 0761 / 2717 474.

Preise gültig bis 31.12.2023. Irrtum und Änderungen vorbehalten.

kindergarten heute - praxis kompakt

– Themenheft für den pädagogischen Alltag

Ja, senden Sie mir bitte zum Preis von jeweils 15,00 € (D) (zzgl. Porto)

____ Ex. Geschlechterbewusste Pädagogik (P00 8821)
____ Ex. Portfolioarbeit mit Kindern (P00 8730)
____ Ex. Rechtssicher handeln im Kita Alltag (P00 3483)
____ Ex. Kreativ im Kinder-Atelier (P00 8557)
____ Ex. PraktikantInnen anleiten (P00 7989)
____ Ex. Medienwerkstatt (P00 7948)
____ Ex. Eine Kita für alle (P00 7914)
____ Ex. Naturwissenschaften (P00 7898)
____ Ex. Mein Start in der Kita (P00 7757)
____ Ex. Wir kennen unsere Rechte! (P00 6999)
____ Ex. Schwierige Entwicklungsschritte (P00 6908)
____ Ex. Kinder bis drei J. in Krippe u. Kita (P00 6965)
____ Ex. Essen bildet! (P00 6957)
____ Ex. Partizipation in Kita und Krippe (400 6581)
____ Ex. Raumgestaltung in der Kita (400 6516)
____ Ex. Schulkindbetreuung in der Kita (400 5344)
____ Ex. Nachhaltige Entwicklung (400 4891)
____ Ex. Beschwerdeverfahren f. Kinder (400 5328)

Ab 5 Exemplaren einer Ausgabe gelten unsere günstigen Mengenpreise.
Rufen Sie uns einfach an: 0761 / 2717 474.

Preise gültig bis 31.12.2023. Irrtum und Änderungen vorbehalten.

kindergarten heute - leiten kompakt

– Themenheft zu Methoden und Organisation

Ja, senden Sie mir bitte zum Preis von jeweils 15,00 € (D) (zzgl. Porto)

____ Ex. Souverän mit Konflikten umgehen (P00 8573)
____ Ex. Beurteilungen & Zeugnisse (P00 8573)
____ Ex. Konzeption weiterentwickeln (P00 7856)
____ Ex. Mit Freude & Erfolg eine Kita leiten (P00 7740)
____ Ex. Rund ums Geld in der Kita (P00 7716)
____ Ex. Teamentwicklung (P00 6981)
____ Ex. Gesprächsführung (P00 3202)
____ Ex. Teamsitzungen vorbereiten (400 2986)
____ Ex. Sozialrecht für Kindertageseinrichtungen (400 2960)
____ Ex. Moderation/Teamarbeit (400 2879)

Ab 5 Exemplaren einer Ausgabe gelten unsere günstigen Mengenpreise.
Rufen Sie uns einfach an: 0761 / 2717 474.

Preise gültig bis 31.12.2023. Irrtum und Änderungen vorbehalten.

Meine Adresse:

Vor- und Zuname

Straße

PLZ/Ort

Telefon E-Mail

Datum Unterschrift KG-MBH2201

Infos unter: www.herder.de/kiga-heute/sonderhefte

Bitte mit € 0,70 frankieren, falls Marke zur Hand.

Deutsche Post
ANTWORT

Verlag Herder
KundenServiceCenter

79080 Freiburg

Meine Adresse:

Vor- und Zuname

Straße

PLZ/Ort

Telefon E-Mail

Datum Unterschrift KG-MBH2201

Infos unter: www.herder.de/kiga-heute/sonderhefte

Bitte mit € 0,70 frankieren, falls Marke zur Hand.

Deutsche Post
ANTWORT

Verlag Herder
KundenServiceCenter

79080 Freiburg

Meine Adresse:

Vor- und Zuname

Straße

PLZ/Ort

Telefon E-Mail

Datum Unterschrift KG-MBH2201

Infos unter: www.herder.de/kiga-heute/sonderhefte

Bitte mit € 0,70 frankieren, falls Marke zur Hand.

Deutsche Post
ANTWORT

Verlag Herder
KundenServiceCenter

79080 Freiburg

stände, die eine Gemeinsamkeit haben, z. B.:

- alles, was man essen kann
- alles, was blau (grün/gelb/rot) ist
- alles, womit man sich fortbewegen kann
- alles, was mit Wasser zu tun hat
- alles, was mit dem Computer (Technik/Strom) zu tun hat
- Dinge, die mit einem bestimmten Buchstaben anfangen

Zusätzlich fotografieren die Kinder jeweils einen Gegenstand, der nicht in die Reihe passt. Die anderen Kinder raten, was das Thema der Fotoreihe war und welches Foto nicht dazu passt.

4. Vergrößerungen machen

Material:

- digitale Fotokamera oder Tablet mit Kamera-App
- ggf. Stativ
- ggf. Lupe oder Mikroskop (klassisch oder digital)

Die digitale Technik macht es leicht, Dingen auf den Grund zu gehen. Schon bei einem normal geknipsten Foto kann ein einzelner Ausschnitt so lange vergrößert werden, bis irgendwann nur noch einzelne Pixel zu erkennen sind. Hieran lässt sich gut erklären, wie digitale Bilder aufgebaut sind.

Spannend ist die Arbeit mit Lupen und Mikroskopen, die es auch digital zum Anschließen an Rechner oder Tablet und auch als wasserfeste Modelle gibt. Sie können genauso eingesetzt werden wie analoge Lupen und Mikroskope, haben aber den Vorteil, dass sie durch das Anschließen an den Monitor ein großes Bild liefern, das gleichzeitig von mehreren Kindern betrachtet und dann als normales Foto problemlos für eine Dokumentation weiterverwendet werden kann. Zudem ist es für Kinder spannend, Strukturen zu erforschen und zu erraten. Die Kinder vergrößern in Kleingruppen durch das digitale Mikroskop ein bekanntes Material, z. B. den Stoff des T-Shirts oder der Hose, Brausepulver, eine Serviette, ein Blütenblatt, ein aufgeschnittenes Obst- oder Gemüsestück oder die Haut am Fingernagel. Sie machen ein Foto davon, beschreiben, was sie sehen, und vergleichen das Original mit der Vergrößerung. Im Anschluss raten die anderen Kinder, was sich hinter den verschiedenen Strukturen verbirgt.

Was sind Pixel?

Digitale Fotos sind mit Mosaiken vergleichbar, bei denen aus kleinen Kacheln Bilder geformt werden. Sie setzen sich aus vielen kleinen Bildelementen zusammen. Im Englischen nennt man diese Picture Elements, kurz Pixel. Sie sind die kleinste Einheit des Bildes und haben jeweils nur eine Farbe. Die Anzahl der Pixel gibt die Auflösung an. Zehn Megapixel (10 MP) entsprechen rund zehn Millionen Pixel.

Lupen als wichtige Hilfsmittel

3. Tonspuren erstellen

(Zu-)Hören ist eine wichtige Fähigkeit im sozialen Miteinander. Würden alle auditiven Eindrücke gleichberechtigt wahrgenommen, folgt daraus eine völlige Überforderung. Deshalb müssen Menschen lernen, bewusst zuzuhören und aus der Fülle der umgebenden Eindrücke, Geräusche und Informationen auszuwählen. (Zu-)Hören ist auch die Voraussetzung für die Entwicklung der phonologischen Bewusstheit und damit Grundlage für den Erwerb der Schriftsprache. Das Mikrofon unterstützt dabei und animiert außerdem zum Sprechen. Es werden dafür Fragen formuliert und gestellt, Antworten aufgenommen, es wird nachgefragt usw.

Lernziele der Praxisbausteine „Tonspuren"

- Wahrnehmungsschulung
- Sprachbildung
- Förderung der Kooperations- und Teamfähigkeit
- Umgang mit dem Mikrofon bzw. Tablet erleben
- mediale Ausdrucksmittel kennenlernen
- Kennenlernen von Gestaltungsprogrammen bzw. -Apps
- aktive Gestaltung eigener Medienprodukte

Worauf achten bei Audioaufnahmen?

Audioarbeit erfordert Ruhe und Konzentration, die Kinder müssen je nach Art der Aufnahme sehr leise und aufmerksam sein. Für Audioaufnahmen sollte deshalb ein ruhigerer Bereich ausgewählt werden, wenn möglich ein Raum, der vielleicht etwas am Rand der Einrichtung liegt, damit nicht zu viele Nebengeräusche die Konzentration der Kinder und die Aufnahmen stören. Ein Stoppzeichen draußen an der Tür leistet zusätzlich gute Dienste. Im Vorfeld wird überprüft, ob die Akkus geladen sind und die Technik läuft und wie sich Aufnahmen machen lassen. Je nach Aufnahmegerät beginnt die Aufnahme sofort, wenn der Aufnahmeknopf gedrückt wird, oder erst mit etwas Verzögerung wie z. B. beim Easi-Speak-Mikrofon. Dies muss dann später bei den Aufnahmen der Kinder beachtet werden. Die Fachkraft bespricht mit den Kindern, was im Umgang mit der Technik zu bedenken ist. Neben sorgsamer Handhabung gilt für Audioaufnahmen ganz besonders, auf Ruhe zu achten, damit man nicht unbeabsichtigt die Aufnahmen der anderen stört.

Aufnahme läuft!

Grundsätzlich gilt auch für Audioaufnahmen, genau wie für Fotos und Videos, die Persönlichkeitsrechte zu respektieren und Personen vor der Aufnahme zunächst nach ihrem Einverständnis zu fragen. Das gilt für Interviews mit externen Fachleuten genauso wie für Aufnahmen, die die Kinder gegenseitig von sich machen. Sollen die Aufnahmen veröffentlicht werden, muss eine Einverständniserklärung eingeholt werden. Auf www.rananmausundtablet.de kann in der Rubrik „Medien & Recht" ein Muster für eine Einverständniserklärung und eine detaillierte Checkliste rund um rechtliche Fragen abgerufen werden.

Grundausstattung

Ob in Musiksendungen, in den Nachrichten oder bei Sportereignissen: Ein Mikrofon ist das Utensil für Interviews, Vorträge und Darbietungen. Wenn Kinder im Rollenspiel Sportreporter*innen oder Nachrichtensprecher*innen sind, tut es natürlich auch ein ausrangiertes Mikrofon, eine Rundbürste oder eine Salatgurke. Für die Audioarbeit ist ein Mikrofon oder ein transportables Aufnahmegerät, wie z. B. ein Tablet, nötig. Das Tablet hat ein integriertes Mikrofon, das sehr gute Dienste leistet und im Allgemeinen völlig ausreicht. Es besteht aber auch die Möglichkeit, ein externes Mikrofon zusätzlich anzuschließen, wenn die Qualität der Audioaufnahmen noch verbessert werden soll. Es gibt auch bei Mikrofonen, wie immer bei technischen Geräten, eine große Preis- und Qualitätsspanne. Generell gilt für die Arbeit im pädagogischen Kontext, dass die Technik robust und bezahlbar sein sollte. Das sogenannte Easi-Speak-Mikrofon, das zu den USB-Mikrofonen gehört, ist einfach im Handling, alltagstauglich und genügt durchschnittlichen Ansprüchen. Die Initiative Ohrenspitzer bietet auf www.ohrenspitzer.de eine gut verständliche Bedienungsanleitung zum kostenlosen Download an. Sie ist in der Mediathek in der Rubrik „Tutorials Technik" zu finden.

1. Erste Aufnahmen machen

Material:
- Mikrofon oder Tablet mit Aufnahmefunktion
- ggf. PC mit Programm Audacity oder Tablet mit iOS-App Garageband
- ggf. Fotokamera bzw. Tablet mit Kamera-App

Zum Einstieg in die Audioarbeit können sich die Kinder zu ihren Erfahrungen mit Tonaufnahmen äußern:
- Womit kann man Töne, Geräusche, Stimmen aufnehmen?
- Wer hat schon mal seine eigene Stimme gehört?
- Wie hat sich das angehört?

Gerade für diese Einstiegsphase kann auch gut eine Handpuppe zum Einsatz kommen. Sie kann das Mikrofon halten, die Kinder interviewen oder auch mal selbst eine Frage stellen, wenn die Kinder zunächst etwas zurückhaltender sind. Die Kinder befragen sich dann reihum, z. B. nach ihren Hobbys, ihrem Lieblingshörspiel oder dem Lieblingslied. Beim anschließenden Anhören der Aufnahmen ist es für viele Kinder ungewohnt und gewöhnungsbedürftig, die eigene Stimme zu hören, und sie merken, dass der eine oder die andere zu leise gesprochen hat.

Für die nächste Aufnahmerunde werden die Stimmen „sichtbar“ gemacht: Dazu öffnen die Kinder die App (z. B. iOS-App Garageband) auf dem Tablet bzw. das Programm auf dem Rechner (z. B. Audacity). Auch wenn die Oberfläche des Programms sehr komplex wirkt, sind die Symbole vielen Kindern doch bekannt: Den Play-Pfeil zum Abspielen und den roten Punkt zum Aufnehmen erkennen die meisten sofort. Auch hier kann die Handpuppe Fragen stellen und eine kleine Einführung geben. Anleitungen zu den Programmen für den Computer bzw. das Tablet sind auf www.rananmausundtablet.de in der „Materialkiste“ zusammengestellt.

Nun machen die Kinder Probeaufnahmen: Jedes Kind kann z. B. seinen Namen und sein Alter einsprechen oder sich noch mal zu seinen Medienvorlieben oder Hobbys äußern. Bei der Aufnahme sehen die Kinder direkt, dass lauteres oder leiseres Sprechen dazu führt, dass unterschiedlich lange Balken bzw. Ausschläge entstehen. Die Einführung in das Programm, die Beschreibung, welches Symbol welche Bedeutung hat, und die Fragen der Kinder können dabei einfach direkt mit aufgenommen werden. Innerhalb von wenigen Minuten sind so erste kurze Audiosequenzen fertig und werden mit dem Play-Pfeil gestartet. Die Kinder hören sich die Ergebnisse gemeinsam an.

Audioarbeit unter Anleitung

Was sind eigentlich Dezibel?

Größe und Entfernungen misst man in Zentimetern und Metern, die Zeit gibt man in Sekunden, Minuten und Stunden an, die Auflösung von Fotos in Pixeln und die Lautstärke von Tönen und Geräuschen misst man in Dezibel (dB). Der Mensch kann Lautstärke schon ab 1 dB hören, bei ca. 130 dB liegt seine Schmerzgrenze. Solcher Lärm wird als sehr unangenehm wahrgenommen und kann sogar das Trommelfell im Ohr beschädigen. Der Pfiff aus einer Trillerpfeife hat z. B. 127 dB und der Knall mancher Spielzeugwaffen liegt bei etwa 175 dB!

Wasserrauschen fürs Geräuscherätsel

2. Geräuscherätsel gestalten

Material:
- Mikrofon oder Tablet mit Aufnahmefunktion

Für ein Geräuscherätsel gehen die Kinder in kleinen Gruppen für ca. zehn Minuten auf Geräuschesuche durch die Kita und nehmen nacheinander jeweils ein Geräusch auf, z. B. die quietschende Schaukel, Schritte auf der Treppe, das Klingeln des Telefons, das Rauschen der Toilettenspülung oder Teller- und Besteckklappern. Die Aufnahme sollte, wenn möglich, mindestens fünf Sekunden dauern, anschließend kann noch eine kurze Pause ohne Geräusch mitaufgenommen werden oder das Kind sagt „Stopp!“, damit deutlich wird, dass das Geräusch zu Ende ist. In einer weiteren Aufnahme spricht das Kind ein, um welches Geräusch es sich gehandelt hat. Jedes Kind nimmt mindestens ein Geräusch und die dazugehörige Auflösung auf. Zurück im Gruppenraum hören sich die Kinder die Aufnahmen gemeinsam an und die Kinder in der Gruppe raten gegenseitig, welche Geräusche jeweils aufgenommen wurden.

Praxistipp

Ein fertiges Geräuschememory oder Geräuschequiz ist eine gute Einstimmung auf die Aktion. Für das Geräuschememory werden kleine undurchsichtige Döschen (z. B. Filmdosen) mit Sand, Schrauben, Salz, Linsen oder Kieselsteinchen gefüllt. Je zwei Dosen haben den gleichen Inhalt, und es gilt, die Paare zu finden. Ein Geräuschequiz liefert die kostenlose Ohrenspitzer-App, die für iOS und Android erhältlich ist. Es kann auch als Browsergame am Rechner gespielt werden:
www.planet-schule.de/mm/geraeusche-quiz

Weitere Anwendungsbeispiele und Varianten

Wo ist das?

Geräuscherätsel eignen sich ebenso wie Fotorätsel sehr gut, um Kinder dazu anzuregen, ihre Umwelt bewusster wahrzunehmen und genau hinzuhören. Wenn Kinder Geräuscherätsel aufnehmen, geht es beim anschließenden Raten nicht nur darum zu erkennen, welches Geräusch aufgenommen wurde, sondern auch, wo dieses zu hören ist. Vertiefend können sie z. B. akustische Weg- und Ortsbeschreibungen aufnehmen und so dabei unterstützt werden, sich in der Kita oder ihrem Umfeld besser zu orientieren. Die Kinder beschreiben, was sie sehen, wie viele Schritte sie gehen, nehmen Geräusche auf, die auf dem Weg zu hören sind, und leiten damit zu einem Ziel, das die anderen Kinder anhand der Beschreibung finden müssen.

Wer ist das?

Geräuscherätsel können auch zum genaueren Kennenlernen in Gruppen eingesetzt werden. Die Kinder machen in Kleingruppen gegenseitig kurze Audioaufnahmen von sich, bei denen z. B. ein kurzes Lied gesungen, ein Reim aufgesagt oder die Lieblingsmedienfigur beschrieben wird. Die anderen Kinder versuchen zu raten, wessen Stimme zu hören ist. Etwas anspruchsvoller ist der Versuch, die Stimme einer anderen Person nachzumachen und dann erraten zu lassen, wer imitiert wurde. Dazu gilt es im Vorfeld zu überlegen, was das Besondere an der Stimme ist und woran sie vielleicht zu erkennen sein könnte.

Was ist das?

Mit Geräuscherätseln kann Sachwissen vertieft oder auch ein Thema eingeführt werden. Die Kinder gehen mit dem Mikrofon auf die Suche nach Geräuschen, z. B. im Kontext verschiedener Berufe, auf dem Wochenmarkt, auf dem Bauernhof, am Frühstückstisch, auf dem Spielplatz. Sie nehmen ihre akustischen Fundstücke auf. Die anderen Kinder raten, um welches Geräusch es sich handelt, welche Tätigkeit, welches Tier, Fahrzeug oder Gerät sich dahinter verbirgt und wo die Geräusche zu hören sind.

Zusätzlich zur Audioaufnahme machen die Kinder von jeder Geräuschquelle ein Foto. Jedes Geräusch wird dann auf dem Rechner oder Tablet mit einem Bild kombiniert. Dazu eignen sich Präsentationsprogramme wie PowerPoint, OpenOffice Impress oder die App Book Creator. Bei der Präsentation der bebilderten Geräuscherätsel stellen die Kinder zunächst das Geräusch vor und zeigen das Foto erst, wenn das Geräusch geraten wurde.

Onlinetipp

www.rananmausundtablet.de
Hier sind in der „Materialkiste" Schritt-für-Schritt-Anleitungen zu Textverarbeitungs- und Präsentationsprogrammen zusammengestellt.

www.ohrenspitzer.de
In der Rubrik „Methoden" werden eine große Auswahl von Übungen und Spiele vorgestellt, die den Hör-Sinn schärfen und das Hinhören trainieren. Daneben sind auch Variationen des Geräuscherätsels zu finden.

3. Geräuschewerkstatt

Material:

- Mikrofon oder Tablet mit Aufnahmefunktion
- Utensilien für die Geräuscheproduktion
- ggf. Ausdruck der Geräuscherezepte von Auditorix
- Kiste oder Koffer zum Sammeln der Geräuschquellen

In der Geräuschewerkstatt kann das Aufnehmen von Geräuschen, das mit dem Geräuscherätsel eingeleitet wurde, vertieft und professionalisiert werden. Nachdem zunächst einfach existierende Geräusche aufgenommen wurden, können die Kinder nun probieren, wie sich Geräusche künstlich erzeugen lassen. Geräusche machen aus einer einfachen Lesung ein Hörspiel, lassen Atmosphäre und Spannung entstehen. Aber nicht alle Geräusche stehen immer zur Verfügung: Manche Geräusche wie Pferdewiehern und andere Tiergeräusche lassen sich natürlich auf Bauernhöfen mit dem Mikrofon „einsammeln" und in einer digitalen Audiothek abspeichern. Aber Donnergrollen und den krachenden Blitz gibt es nicht auf Bestellung, weshalb sie nur schwer einzufangen sind. Also erproben die Kinder gemeinsam, wie Geräusche auch künstlich erzeugt werden können und woran manche Geräusche mit ein bisschen Fantasie erinnern: vielleicht an Schritte auf einem Kiesweg oder an einen schnarchenden Zwerg? Für das Experimentieren sammeln die Kinder Gegenstände, die Geräusche machen. Sie gehen in der Einrichtung auf die Suche und tragen geeignete Gegenstände zusammen, die in einer Kiste gesammelt werden.

Beispiele für Geräuschquellen

- Kokosnussschalen
- leere Joghurtbecher
- Wasserflasche
- unterschiedliche Folien
- kleine Säckchen mit Sand, Watte oder Reis gefüllt
- trockene Erbsen in kleinen Döschen
- Lineal
- Metallsieb
- Nagelbürste
- Rasseln
- Fahrradklingel
- Spieluhr

Geräuschquelle: Blätterrascheln

Praxistipp

Die Geräuschewerkstatt funktioniert gut als Parallelangebot zur Hörspielproduktion. Während die eine Hälfte der Gruppe ein Hörspiel entwickelt, experimentiert die andere mit den Geräuschen und überlegt, welche Geräusche zur Geschichte passen könnten. Nicht nur Radiosendungen oder Hörspiele leben durch Geräusche, auch Filme werden so vertont. Knirschende Schritte im Schnee, Blätterrascheln, knackendes Lagerfeuer oder ein Schiffsanker, der ins Meer geworfen wird – Geräusche sind unerlässlich, um einem Hörspiel Leben einzuhauchen. Und viele Geräusche lassen sich ohne großen Aufwand selbst erzeugen. Für das Zusammenstellen der Geräuschekiste und beim späteren Experimentieren sind die Geräusche-Rezepte auf www.auditorix.de („Geräusche") sehr hilfreich.

Wenn alle Kinder wieder zurück sind, stellen sie nacheinander den anderen Kindern ihr gefundenes Geräusch vor. Dafür werden die Augen geschlossen, dann ist der Hörsinn umso geschärfter! Wie hört sich das Geräusch an? Ist es leise? Oder laut? Wonach klingt es? Dann entscheiden die Kinder gemeinsam, ob die Gegenstände in der Geräuschekiste aufbewahrt werden können oder ob sie im Kindergartenalltag fehlen würden. In diesem Fall kann ein Foto des Gegenstands als „Platzhalter" in die Kiste gelegt werden. Darauf ist zu sehen, wo in der Einrichtung der „klangvolle" Gegenstand zu finden ist.

Onlinetipp

www.auditorix.de

Das Audioarchiv kann mit Geräuschen aus der Geräusche-Box „Geräusche" von Auditorix ergänzt und vervollständigt werden.

Geräuschekiste bestücken

In die Geräuschekiste gehören Gegenstände, deren ursprüngliche Funktion darin besteht, ein Geräusch zu machen, wie z. B. eine Fahrradklingel, eine Rassel oder eine Spieluhr. Aber auch Dinge, die funktionsfremd eingesetzt werden, eignen sich für bestimmte Geräusche ganz besonders: Wasser, aus einer Flasche langsam in eine Schüssel gegossen, wird zum Plätschern, zwei Hälften der Schale einer Kokosnuss gegeneinander geschlagen werden zum laufenden Pferd. Die Geräuschekiste kann immer wieder ergänzt oder Teile darin können aussortiert werden. Die Kinder können die Kiste noch beschriften, bekleben oder bemalen. Vertiefend kann gemeinsam überlegt werden, was noch Geräusche macht. Die Kinder probieren z. B. zusammen aus, wie es sich anhört, wenn Erbsen in einem Glas oder in einer Pappröhre geschüttelt werden. Sie variieren dabei auch die Intensität und Geschwindigkeit des Schüttelns und testen das Gleiche mit Reis, Sand, Kies oder Nägeln.

Weitere Anwendungsbeispiele und Varianten

Bilder vertonen

Die Kinder überlegen, welche Geräusche zu einem ausgewählten Foto, Bilderbuch oder auch Gemälde passen, und nehmen diese auf. Bild und Ton werden anschließend in einem Präsentationsprogramm wie PowerPoint, OpenOffice Impress oder Apps wie Book Creator oder ChatterPix Kids kombiniert.

Audioarchiv anlegen

Die Kinder nehmen verschiedene Geräusche auf. Diese werden so abgespeichert, dass sie für Vertonungen verwendet werden können. D. h., der Dateititel beschreibt eindeutig, um welches Geräusch es sich handelt, ggf. legt die Fachkraft verschiedene Ordner an, z. B. Wetter, Verkehr, Tiere, Spannung.

Erst forschen, dann dokumentieren

IV. Praxisbausteine: Fragen, Forschen, Dokumentieren

Kinder haben viele Fragen, sie erkunden neugierig ihre Umgebung und gehen den Dingen auf den Grund. Die Elementarpädagogik greift das Interesse der Kinder, ihre Motivation und Experimentierfreude auf, ermöglicht Lernprozesse und schafft als erstes Glied der Bildungskette wichtige Grundlagen. Medien können dabei hilfreiche Werkzeuge beim Fragen, Forschen und Dokumentieren sein. Beobachtungen werden digital festgehalten und können besprochen und hinterfragt werden. Experimente, Aktionen, Projekte und Ausflüge können durch digitale Medien begleitet, dokumentiert und präsentiert werden. So entstehen nicht nur Erzählanlässe und Erinnerungshilfen, sondern es werden auch Reflexionsprozesse angestoßen und Gestaltungsfragen diskutiert. Dabei weist jedes Medium eigene Ausdrucks- und Gestaltungsmöglichkeiten auf, die die Kinder durch das aktive Arbeiten kennen- und anwenden lernen.

Mit der Kamera
Ergebnisse festhalten

Die in diesem Kapitel beschriebenen Praxisbausteine eignen sich für die Arbeit mit Kindern ab etwa 5 Jahren. Den roten Faden bei einer Dokumentation oder einem Interview im Auge zu behalten, stellt eine Herausforderung dar, die die jüngeren Kinder überfordern würde. Wenn in altersgemischten Gruppen gearbeitet wird, müssen die Jüngeren aber dennoch nicht ausgeschlossen werden. Es gibt bei Medienproduktionen immer vielfältige Aufgaben (s. Kapitel II.4: Planung und Durchführung von Medienangeboten), sodass viele Kinder in den Prozess eingebunden werden können. Auch thematisch passende Spiel-, Mal- und Bastelangebote eignen sich, um alle Kinder in die Aktion zu integrieren.

Lernziele der Praxisbausteine „Fotodokumentationen"

- Sprachbildung
- Förderung der Kooperations- und Teamfähigkeit
- Auseinandersetzung mit sowie Beobachten und Dokumentieren von Ritualen, Abläufen, Entwicklungsprozessen
- Erkunden der Umgebung
- Umgang mit Fotokamera bzw. Tablet erleben
- mediale Ausdrucksmittel kennenlernen
- Kennenlernen von Gestaltungsprogrammen bzw. -Apps, aktive Gestaltung eigener Medienprodukte

1. Fotodokumentationen erstellen

Beim Dokumentieren kommt es darauf an, ein Ereignis möglichst gut nachvollziehbar darzustellen. Wenn Kinder also Veranstaltungen oder auch Entwicklungsprozesse dokumentieren, sollten sie sich vorher überlegen, welche wesentlichen Punkte erfasst und gezeigt werden sollen. Denn anders als bei fiktionalen Inhalten lassen sich einzelne Programmpunkte einer Veranstaltung meistens nicht beliebig wiederholen. Die Kinder machen sich im Vorfeld Gedanken darüber, warum die Dokumentation gemacht wird und für wen. Als Erinnerungshilfe müssen beispielsweise nicht ganz so viele Fotos geknipst werden wie für jemanden, der eine Vorstellung vom Ablauf und der Stimmung einer Veranstaltung bekommen soll, an der er nicht teilgenommen hat. Die Auseinandersetzung damit, welche Fotos notwendig sind, um z. B. Rituale des Kita-Alltags darzustellen, unterstützt die Kinder dabei, sich mit Anforderungen einer Dokumentation zu befassen, und regt sie an, ihren eigenen Alltag zu reflektieren. Für Kinder, die neu im Kindergarten sind, eignen sich Fotos vom Tagesgeschehen als guter Gesprächsanlass, der die Eingewöhnung begleiten kann.

Beim Dokumentieren von Veranstaltungen und Abläufen können ähnlich wie bei einem Interview (s. Kapitel IV.3: Interviews führen) die „W-Fragen" berücksichtigt werden: WER tut WAS bzw. WAS findet WO, WANN und WARUM statt? Für eine Dokumentation sollten Nah- und Totalaufnahmen kombiniert werden (s. Kapitel III.2: Fotosafaris anbieten). Fotos, die durch totale oder halbtotale Einstellungen einen Überblick geben und alle wesentlichen Elemente zeigen, sollten durch Nah- und Detailaufnahmen ergänzt werden. So kann ein Gefühl für die Atmosphäre vermittelt werden. Auch eine Auswahl aus der Fülle des Bildmaterials zu treffen, gehört mit zu den Herausforderungen einer Fotodokumentation.

Grundausstattung

Wie bereits im Baustein „Fotosafari" ausführlich beschrieben, eignen sich für die Fotoarbeit in der Kita wasserfeste Outdoor-Kameras sehr gut. Die mitgelieferte Schlaufe sollte unbedingt an der Kamera befestigt und dann während des Einsatzes grundsätzlich ums Handgelenk gelegt werden. Das gilt auch, wenn ein Tablet genutzt wird. Schutzhülle mit Handgelenkschlaufe und Displayschutzfolie machen das Tablet zu einem robusten Werkzeug. Ein kompaktes, leichtes Dreibein-Stativ aus Aluminium, auf das für Tablets ein passender Stativkopf aufgesetzt werden kann, ist für viele Fotoaktionen sehr hilfreich und z.B. für das Dokumentieren von Entwicklungsprozessen unverzichtbar.

Die Kamera am Handgelenk sichern

1. Entwicklungsprozesse dokumentieren

Material:
- digitale Fotokamera oder Tablet mit Kamera-App
- Stativ
- ggf. Klebeband
- Pflanzensamen
- Erde oder Watte (je nach Samenart)
- Topf oder Schale
- ggf. Lineal

Wenn Veränderungsprozesse fotografisch dokumentiert werden, kommt es darauf an, dass die Fotos möglichst immer vom selben Standpunkt aus gemacht werden. So werden die Betrachtenden nicht durch wechselnde Perspektiven oder Einstellungen abgelenkt und die Veränderungen sind gut erkennbar. Die Fachkraft sucht einen geeigneten Ort, an dem die Beobachtungsreihe durchgeführt werden kann. Wichtig ist, dass das Stativ mit der Kamera zum festgelegten Zeitpunkt, z.B. jeden Morgen nach dem Morgenkreis, an exakt derselben Stelle steht. Im Optimalfall bleibt das Stativ mit Kamera für den gesamten Zeitraum stehen – wenn das nicht möglich ist, wird der Standpunkt z.B. mit Klebeband markiert. Zu Beginn des Prozesses muss bei der Bildaufteilung bedacht werden, dass ausreichend Platz bleibt, damit z.B. die Pflanze nicht aus dem Foto herauswächst. Soll ein Gefühl für die Größenverhältnisse vermittelt werden, kann etwa ein Lineal mit im Bild platziert werden. Jeden Tag bzw. in regelmäßigen Abständen nehmen die Kinder ein Foto auf, so lange bis der Veränderungsprozess abgeschlossen ist.

Forschungsauftrag: Das Wachstum einer Pflanze fotografieren

Weitere Anwendungsbeispiele und Varianten

Wachstum und Veränderung

Die Kinder begleiten fotografisch, wie bereits beschrieben, wie sich z.B. Blumenzwiebeln, Kresse, Knospen am Baum oder Schmetterlingslarven entwickeln oder wie sich das Spinnennetz vor dem Fenster verändert. Auch die Veränderung von Lebensmitteln, wie z.B. ein langsam verschrumpelnder Apfel oder das Entstehen von Schimmel, kann dokumentiert werden.

Konstruktionen und Kunstwerke

Die Kinder fotografieren in regelmäßigen zeitlichen Abständen und immer vom selben Standort aus den Entstehungsprozess, wie aus einem Haufen Holzklötze ein Turm wird, aus einem Klumpen Knete eine Tierherde oder aus einer langen Tapetenrolle und Stiften ein riesiges Gemeinschaftsbild.

Jeder Schritt wird fotografiert

2. Schritt-für-Schritt-Anleitungen anfertigen

Material:
- digitale Fotokamera oder Tablet mit Kamera-App
- ggf. Stativ
- ggf. Computer mit Textverarbeitungs- oder Präsentationsprogramm oder Tablet mit Book Creator
- ggf. Drucker
- Backzutaten oder Bastelmaterial

Durch das fotografische Dokumentieren können Abläufe bewusst und nachvollziehbar gemacht werden. Darüber hinaus setzen sich die Kinder mit Form, Inhalt und Gestaltung von Beiträgen auseinander. Die pädagogische Fachkraft animiert die Kinder, eine gemeinsame kreative Aktion mit Fotos zu begleiten und so zu dokumentieren, dass auch jüngere Kinder die Anleitung ohne Erklärung verstehen können. Sie teilt die Kinder in Kleingruppen auf: Eine Gruppe führt die kreative Aktion durch, die andere Gruppe hält alle wesentlichen Schritte fotografisch fest. Die Kinder überlegen gemeinsam, welche Fotos gemacht werden müssen, damit die Fotoanleitung ohne weitere Erläuterungen und damit auch ohne Lesekenntnisse verständlich ist. Die Fotos können mithilfe eines Textverarbeitungs- oder Präsentationsprogramms in die richtige Reihenfolge gebracht und ausgedruckt werden.

Weitere Anwendungsbeispiele und Varianten

Fotorezepte

Das gemeinsame Kochen und Backen fördert den Umgang mit Mengen und Gewichten, Reihenfolgen und Abläufen. Die Dokumentation der Abläufe regt obendrein dazu an, sich mit medialen Gestaltungsformen auseinanderzusetzen. Ein Beispiel ist auf www.ranan mausundtablet.de in der Rubrik „Ideen für die Praxis – Mathe/Naturwissen/Technik“ zu finden: „Backe backe Kuchen – Fotorezepte erstellen“. Aus mehreren Foto-Rezepten kann ein eigenes Kita-Kochbuch zusammengestellt werden.

Bau- und Bastelanleitungen

Für das Erstellen einer fotografischen Bau- oder Bastelanleitung überlegen die Kinder, welche Materialien und Handgriffe notwendig sind, um z. B. einen Papierflieger oder einen Origami-Frosch zu falten, ein Stativ aus Holz, ein Vogelhaus, ein Insektenhotel, ein Regenwurm-Terrarium zu bauen, eine Pappmaschee-Maske oder ein Windlicht zu gestalten. Die Herausforderung besteht darin, die notwendigen Materialien und die einzelnen Schritte so zu fotografieren, dass sie für andere ohne erklärenden Text nachvollziehbar und nachmachbar sind.

Lernziele der Methodenbausteine „Filmstreifen“
- Wahrnehmungsschulung
- Förderung der Kommunikations-, Kooperations- und Teamfähigkeit
- Anregung der Kreativität, Fantasie und Experimentierfreude
- Umgang mit der Videokamera bzw. dem Tablet erleben
- mediale Ausdrucksmittel kennenlernen
- Medien durchschauen lernen
- Kennenlernen von Videobearbeitungsprogrammen bzw. -Apps
- aktive Gestaltung eigener Medienprodukte

2. Filmstreifen herstellen

Bewegte Bilder faszinieren Menschen seit jeher und sind bei Kindern beliebt. Längst sind es nicht mehr nur das Fernsehen oder das Kino, die bewegte Geschichten, Erzählungen in Bild und Ton zur Verfügung stellen. Auch über das Internet und Streamingdienste können Filminhalte abgerufen und jederzeit verfügbar auf dem Computer, Smartphone und Tablet konsumiert werden. Kinder nutzen diese Medien und ihre Angebote, manchmal begeistert, manchmal verwundert, gelangweilt oder ängstlich. Nicht alles aus diesen audiovisuellen Welten ist für sie verständlich und leicht verdaulich. Die eigene aktive Gestaltung von Filminhalten gibt ihnen die Möglichkeit, sich handlungsorientiert, kreativ, analytisch und kritisch mit Bild, Sprache und Musik in laufenden Bildern auseinanderzusetzen. Kinder lernen durch das praktische Tun am besten. Indem sie selbst Filmideen entwickeln, Regie führen, schauspielern und filmen, verstehen sie vieles von den Film- und Fernsehwelten, schauen hinter die Kulissen und lernen Tricks und Macharten kennen. Von einfachen Übungen mit der Kamera über die Erstellung eines Trickfilms, die Nachsynchronisation einer Filmsequenz bis hin zum selbst gedrehten Werbefilm: Die Kinder können unter pädagogischer Begleitung fast alle Schritte einer medialen Produktion selbst durchführen.

Zum Filmen ein Stativ verwenden

Worauf achten beim Filmen?

Grundlegend ist auch bei der Videoarbeit ein sorgsamer Umgang mit der Technik, damit diese keinen Schaden nimmt. Die Kinder müssen die Kamera gut festhalten, wenn möglich sollte ein Stativ verwendet werden. Die pädagogische Fachkraft zeigt den Kindern die Linse der Kamera; sie ist das „Auge" der Kamera und entsprechend empfindlich, deshalb sollte möglichst nicht auf die Linse gefasst werden. Stativ und Kamera werden so aufgebaut, dass sie nicht von anderen im Vorbeilaufen umgerissen werden. Zusätzlich können sie durch einen Stuhl, Tisch oder ein aufpassendes Kind gesichert werden. Außerdem spielt das Licht beim Filmen wie auch beim Fotografieren eine zentrale Rolle: Zu viel Licht ist ebenso wenig hilfreich wie zu wenig.

Bei den ersten eigenen Filmen sollte das Vorhaben weder zu lang noch zu komplex sein. Die Spielfreude, die gemeinsame Aktion und der Stolz auf das Ergebnis sind wesentliche Aspekte, die nicht aus den Augen verloren werden sollten. Vor Beginn der Aufnahme bespricht die Fachkraft die Bildeinstellung: Ist wirklich das auf dem Monitor zu sehen, was gefilmt werden soll? Sie ermutigt die Kinder, nah an das Motiv heranzugehen, damit nicht zu viel mitgefilmt wird, was für die Filmaussage nicht gebraucht wird. Beim Filmen gibt es wie beim Fotografieren unterschiedliche Perspektiven und Einstellungen (s. Kapitel III.2: Fotosafaris anbieten). Grundsätzlich gilt auch hier zu beachten, dass man andere Menschen nicht einfach so filmen und die Filme nicht ohne Einwilligung öffentlich zeigen darf. Wenn also geplant ist, die entstehenden Filme zu veröffentlichen, müssen im Vorfeld die Einverständniserklärungen eingeholt werden.

Onlinetipp

www1.wdr.de/kultur/film/dokmal

Hier findet man einfache Erklärungen rund um Filmsprache und Tipps zur Videoarbeit.

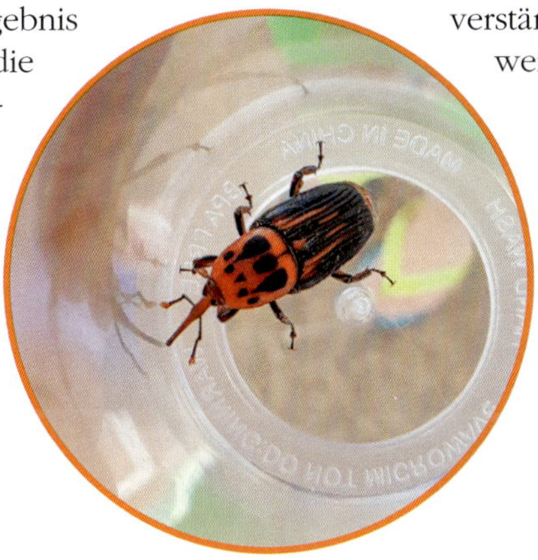

Nah ans Motiv rangehen

Grundausstattung

Für die Video- und Fotoarbeit in der Kita eignen sich robuste Outdoor-Kameras besonders gut. Sie sind wasserfest, können also auch am und im Wasser zum Einsatz kommen. Alle derzeit erhältlichen Modelle haben auch eine Videofunktion mit relativ guter Filmqualität. Sie verfügen aber meistens nur über wenige oder gar keine manuellen Einstellungsmöglichkeiten für Filmaufnahmen. Soll eine Videokamera für die Einrichtung angeschafft werden, eignen sich einfache Camcorder mit Anschlussmöglichkeit für ein externes Mikrofon. Ein Bildstabilisator sorgt dafür, dass beim Zoomen nicht sofort die Aufnahme verwackelt. Wenn als Speicherformat nicht nur HDV (High Definition Video), sondern auch MP4 möglich ist, kann der Film anschließend auf DVD verewigt werden, während HDV meistens auf miniDV-Magnetbändern gespeichert wird. Für eine hohe Videoqualität, die auch auf großen Fernsehbildschirmen gezeigt werden kann, sollte die Kamera eine Full-HD-Auflösung (1920 x 1080 Pixel) haben. In Medienzentren vor Ort können auch hochwertige Videokameras ausgeliehen werden. Gut geeignet für die Videoarbeit in der Kita sind auch sogenannte Action Cams, die sehr leicht und obendrein wasserfest sind. Sie haben zwar überwiegend nur wenige Einstellungsmöglichkeiten, sind aber sehr robust, kostengünstig und vielseitig einsetzbar.

Wenn für die Videoarbeit das Tablet mit der Kamera-App genutzt wird, sollten eine Schutzfolie für das Display und eine Schutzhülle angeschafft werden. Außerdem ist ein kompaktes, leichtes Dreibein-Stativ sehr hilfreich. Für Tablets gibt es passende Stativköpfe oder auch eigene kleine Stative, die ab etwa € 10 erhältlich sind. Tabletstative können auch aus Bausteinen, Pappe, Buchständern, Toilettenpapierrollen, Drahtbügeln oder Holz selbst gebaut werden.

Zoomen: Gesichter im Fokus

1. Erste Aufnahmen erstellen

Material:

- Videokamera oder Tablet mit Kamera-App
- Stativ
- Beamer
- Verbindungskabel

Die Fachkraft hat vor Beginn der Aktion die Kamera bzw. das Tablet aufgebaut und mit einem Beamer verbunden. Bei dieser sogenannten Direktübertragung können sich die Kinder gleich auf der Projektion sehen, wenn sie den Raum betreten. Die Projektion animiert sie, vor der Kamera zu agieren: Sie winken, zappeln, tanzen und schneiden Grimassen. Nach einigen Minuten bittet die Fachkraft die Kinder, sich auf den Boden zu setzen, damit alle in der Videoprojektion zu sehen sind. Doch kaum sitzen alle, schwenkt sie die Kamera so, dass keine Kinder zu sehen sind, und fragt, wo denn alle geblieben seien. Oder sie zoomt einen Ausschnitt heran, sodass nur einige Kinder im Bild sind. Die Fragen und Aktionen regen die Kinder an zu antworten: „Aber hier sind wir doch!" Die Fachkraft zoomt das Bild langsam wieder etwas auf, wodurch nach und nach wieder alle Kinder im Bild sind. So entwickeln sie ein Verständnis dafür, dass die Kamera immer nur einen Ausschnitt des Geschehens zeigt. Die Kinder können nach dieser Einstiegsrunde selbst an der Kamera mit den verschiedenen Einstellungen, mit Zooms, Schwenks und Kamerafahrten experimentieren:

Zoomen

Die Kinder versuchen, schnell auf einen Gegenstand oder ein Gesicht zu zoomen, und probieren aus, wie weit man heranzoomen kann, bis nichts mehr zu erkennen ist. Das Heranzoomen von Gesichtern lenkt die Aufmerksamkeit der Zuschauenden auf den Gemütszustand der gefilmten Person.

Schwenk

Das Kamerakind versucht, die anderen Kinder, die sich langsam durch den Raum bewegen, mit der Kamera nacheinander „einzufangen". Je schneller die Kinder werden, umso schwieriger wird es für das Kamerakind. Schwenks verschaffen einen Überblick über das Geschehen, weil sich der Blickwinkel ändert. Je nach Geschwindigkeit kann dieser die Zuschauenden auch emotional „mitreißen". Eine Variante ist das Hin- und Herwackeln der Kamera. Dadurch lassen sich Erschütterungen, Schwindelgefühl oder hoher Wellengang simulieren.

Kamerafahrt

Das Kamerakind setzt sich auf ein Rollbrett und wird beim Filmen durch den Raum geschoben. Ein bisschen schwindelfrei muss man für die 360°-Kreis-Kamerafahrt sein: Das Rollbrett wird einmal im Kreis herumgedreht. Bei Außenaufnahmen leistet ein Einkaufswagen gute Dienste. Nachdem alle Kinder probieren und experimentieren konnten, sehen sie sich die Aufnahmen gemeinsam an. Dabei fragt die Fachkraft, wie die Aufnahmen entstanden sind und wie sie auf die Kinder wirken. Dadurch setzen sich die Kinder mit filmischen Gestaltungsmitteln und Wirkungen auseinander.

Stopp-Trick-Film

2. Stopp-Tricks machen

Material:

- Videokamera oder Tablet mit Kamera-App
- Stativ
- Klebeband
- ggf. Beamer/Verbindungskabel
- Verkleidungsutensilien
- Stühle
- ein großer Karton

Der Stopp-Trick ist ein einfacher Aufnahmetrick, der die Illusion eines Zaubertricks hervorruft und dem Trickfilm sehr ähnlich ist. Die Arbeit mit dem Stopp-Trick fördert Kommunikations-, Kooperations- und Konzentrationsfähigkeiten, denn die Kinder müssen sich gut absprechen. Darüber hinaus wird die Auseinandersetzung mit der Machart und den Tricks von Medien angeregt. Die Kamera muss für diesen Aufnahmetrick auf einem Stativ befestigt sein und darf während der Aufnahme nicht verschoben werden. Mit Klebeband wird die Position des Stativs auf dem Fußboden markiert, falls doch mal aus Versehen jemand das Stativ verrückt.

Die Kinder arrangieren und filmen eine kurze Szene, bei der z. B. ein Kind vor der Kamera steht und einen Zauberspruch aufsagt. Sie stoppen die Aufnahme, wenn der Spruch zu Ende ist. Das gefilmte Kind darf sich nun nicht mehr bewegen. Andere Kinder reichen anschließend Accessoires an das Kind weiter oder nehmen andere Veränderungen an der Szene vor und filmen anschließend weiter. Das gefilmte Kind kommentiert die Veränderung überrascht. Im fertigen Clip entsteht für die Zuschauenden der Eindruck, als wäre die Veränderung, die im Film ohne Stopp plötzlich erscheint, wie durch Zauberhand geschehen. Auf diese Weise können Dinge „weggezaubert" oder „herbeigewünscht" werden.

So lässt sich die Stopp-Trick-Technik z. B. einsetzen: Die Kinder überlegen sich Werbeslogans für Wunderpillen, Megareinigungsmittel, Supersäfte und inszenieren dazu kurze Werbespots. Der Zaubertrick kann die versprochene Wirkung des Produkts hervorrufen oder aber auch gerade das Gegenteil bewirken. Die Aktion kann Teil eines Projekts zum Thema Werbung sein.

Onlinetipp

www.mediasmart.de

In der Rubrik „Materialien" gibt es kostenlose Materialpakete der Bildungsinitiative Media Smart e. V. Das Paket „Werbung entdecken und (be-)greifen – mit dem Hörwurm Ojoo" enthält Grundlagenwissen und vielfältige Anregungen zur Bearbeitung des Themas mit Vorschulkindern.

W-Fragen für ein Interview

- Wer wird interviewt? Wer ist hier?
- Wo befinden wir uns? Wo gehen wir hin?
- Wann findet das Interview statt bzw. das Ereignis, zu dem befragt wird?
- Was macht die Person, die interviewt wird? Was findet hier statt? Was gibt es hier zu hören?
- Warum interessiert uns das Thema?

3. Interviews führen

Ein Interview als Form der Befragung dient dazu, Informationen oder Meinungen zu einem Thema zu ermitteln. Das Interview kann mit dem Mikrofon aufgenommen und ggf. zusätzlich mit der Videokamera gefilmt werden.

Material:
- Mikrofon oder Tablet mit Aufnahmefunktion
- ggf. Videokamera

Bei der Durchführung ist darauf zu achten, dass ein Kind das Interview filmt, während ein oder mehrere Kinder das Gespräch führen, d.h., Gesprächs- und Kameraführung sollten in verschiedenen Händen liegen. Die Kinder können sich gegenseitig zu bestimmten Themen interviewen oder auf Exkursion gehen und die jeweiligen Fachleute befragen. Gerade bei Exkursionen ist es wichtig, die Fragen vorher gemeinsam festzulegen, damit in der Aufregung nicht die Hälfte vergessen wird. Die sogenannten „W"-Fragen können als kleine Hilfe dienen, damit beim Interview auch an alles gedacht wird (s. Kasten).

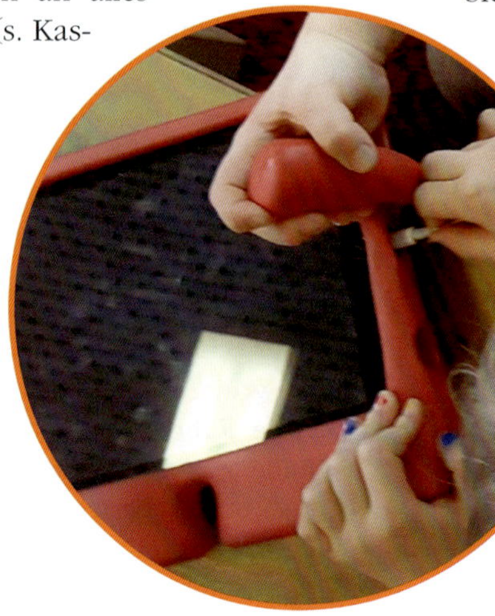

Vor dem Interview Funktionen testen

Die Kinder legen vor dem Interview fest, was sie in Erfahrung bringen wollen, und sammeln mit Unterstützung der Fachkraft die Fragen z.B. auf einer Wandzeitung. Die Fragen werden geordnet und ggf. zu Frageblöcken zusammengefasst. Da Kindergartenkinder in der Regel noch nicht lesen können, überlegen sie gemeinsam, wie die Fragen mit kleinen Skizzen oder Symbolen veranschaulicht werden können, damit beim Interview nicht der rote Faden verloren geht und an alles gedacht wird.

Als Übung für die Interviewsituation stellen sich die Kinder im Rollenspiel gegenseitig Fragen, am besten schon zum gewählten Thema, denn so stimmen sie sich bereits darauf ein und tauschen ihr Vorwissen aus. Auch die Kita-Leitung, die Küchenkraft oder andere Fachkräfte im Haus können interviewt werden. Hier merken die Kinder schnell, dass Fragen, die nur mit „Ja" oder „Nein" beantwortet werden, nicht so ergiebig sind wie offen formulierte Fragen, bei denen die Befragten etwas mehr erzählen. Die Antwort auf die Frage „Was sind Sie von Beruf?" oder „Sind Sie Koch?" fällt deutlich kürzer aus, als auf Fragen wie „Wieso sind Sie Köchin geworden?" oder „Was gefällt Ihnen an Ihrem Beruf?". Solche offenen Fragen machen es den Befragten leichter, etwas ausführlicher zu antworten.

Wenn Interviews mit externen Fachleuten geplant sind, ist es hilfreich, wenn im Vorgespräch nicht nur Termin und Uhrzeit abgesprochen, sondern auch schon mal die Fragen genannt werden, damit die befragte Person in etwa weiß, worauf das Interview hinausläuft, in welchem Rahmen es ggf. veröffentlicht werden soll und was die Kinder in Erfahrung bringen wollen. Achtung: Denken Sie an eine Einverständniserklärung! Vor dem eigentlichen Interview sollten die Kinder unbedingt eine kurze Testaufnahme machen, um sicherzustellen, dass die Technik wirklich funktioniert. Die Fachkraft erinnert die Kinder daran, laut und deutlich zu sprechen, die interviewte Person ausreden zu lassen und gut zuzuhören, bevor sie die nächste Frage stellen. Am Ende des Interviews bedanken sich die Kinder für das Gespräch.

Tablet als Gestaltungswerkzeug

V. Praxisbausteine: Erfinden, Gestalten, Vorführen

Können Kinder kreativ sein, gibt ihnen das die Möglichkeit, sich mit Erlebnissen, Wünschen und Träumen auseinanderzusetzen und Dinge zu verarbeiten. Voraussetzung dafür ist, dass Kinder ausreichend Raum für Experimentierfreude und Gestaltungsfreiheit haben. Je nach Prozess bedarf es auch der Material- und Ideenvielfalt. Durch den Einsatz digitaler Medien lassen sich zusätzliche kreative Ausdrucksformen erschließen. Sie sind als Ergänzung und keinesfalls als Ersatz herkömmlicher Ausdrucks-, Gestaltungs- und Präsentationstechniken zu verstehen.

Den Werken der Kinder eine Bühne zu geben, sie auszustellen oder anderen vorzuführen – immer vorausgesetzt, die Kinder wollen das auch – bedeutet, ihnen Aufmerksamkeit zukommen zu lassen, sie wertzuschätzen und ihnen Erfolgserlebnisse zu ermöglichen. Wird die Ausstellung nicht nur in der Kita, sondern z. B. auch in der angrenzenden Grundschule organisiert, setzen sich nicht nur die Familien mit Denken, Können und Entwicklung der Kinder auseinander. Auch andere Interessier-

Lernziele der Praxisbausteine „Erfinden, Gestalten, Vorführen“

- Wahrnehmungsschulung
- Förderung der Kommunikations-, Kooperations- und Teamfähigkeit
- Anregung der Kreativität, Fantasie und Experimentierfreude
- Umgang mit Mediengeräten erlernen
- mediale Ausdrucksmittel kennenlernen
- Medien durchschauen lernen
- Kennenlernen von Gestaltungsprogrammen bzw. -Apps
- aktive Gestaltung eigener Medienprodukte

te bekommen einen Eindruck von der Bildungsarbeit des Kindergartens und Eltern wie auch die Öffentlichkeit können für die Bedeutung der frühkindlichen Medienbildung sensibilisiert werden. Die in diesem Kapitel beschriebenen Praxisbausteine eignen sich für die Arbeit mit Kindern ab etwa 3 Jahren. Je älter die Kinder sind, umso differenzierter können die jeweiligen Aufgabenstellungen formuliert werden.

1. Collagen erstellen

Eine Collage ist eine Zusammenstellung verschiedener Materialien oder Inhalte. Neben klassischen Formen auf Pappe, Holz oder Papier kann eine Collage auch digital erstellt werden.

Material:

- Computer oder Tablet mit Kreativprogramm bzw. -App
- ggf. Stativ
- ggf. einfarbiges Tuch als Hintergrund
- ggf. Verkleidungsutensilien

Die pädagogische Fachkraft befasst sich im Vorfeld der Aktion mit Werkzeugen und Gestaltungsmöglichkeiten des gewählten Programms, denn die Software, die zum Einsatz kommt, muss im Handling vertraut sein, um den Kindern eine Einführung geben und das Experimentieren kompetent begleiten zu können. Durch die Zusammenstellung von Fotos auf einem passend gewählten Hintergrund können Erlebnisse, Prozesse und Ergebnisse präsentiert werden. Die Kinder setzen sich damit auseinander, welche Bilder sie auswählen, wie sie angeordnet und kombiniert werden sollen. Sie können die Größen der Bilder variieren und Sticker, Stempel und Text ergänzen.

Anwendungsbeispiele

Kita-Steckbrief

Die Kinder fotografieren, was ihnen wichtig erscheint, um die Kita, ihren Lieblingsort in der Kita oder ihr bevorzugtes Kita-Angebot vorzustellen. Sie wählen die Fotos aus, die ihnen am besten geeignet erscheinen, um zu zeigen: Das ist meine Kita! Hier bin ich am liebsten! Sie stellen die Fotos zu einer Collage zusammen und ergänzen mithilfe der Fachkraft ggf. kurze Kommentare oder Erklärungen. Die Collagen können ausgehängt wer-

Kostüme und Verkleidungsutensilien bereithalten

den und vermitteln z. B. den neuen Kindern und Eltern beim Tag der offenen Tür oder in der Eingewöhnungszeit ein facettenreiches Bild von der Einrichtung.

Das digitale Portfolio

Die Kinder stellen sich und ihre Sicht auf Dinge, Themen, Entwicklungen mithilfe von Medien dar und sammeln Fotos, Audio- und Videobeiträge oder Zeichnungen in ihrem digitalen Portfolio (z. B. in der App Book Creator oder im Präsentationsprogramm PowerPoint oder OpenOffice Impress): Das bin ich, das kann ich schon, das interessiert mich, das mag ich am liebsten!

Mix-Max-Collagen

Die Kamera wird auf ein Stativ gesetzt. Das Kind, das fotografiert wird, steht vor einem ruhigen Hintergrund, z. B. vor einer weißen Wand oder einem einfarbigen Tuch. Reihum fotografieren die Kinder gegenseitig Augen, Nasen, Ohren, Mund oder auch den ganzen Körper in einzelnen Teilen: Kopf, Rumpf, Beine. Die einzelnen Teile des Gesichts bzw. die Körperteile werden in der Collage neu kombiniert. Anschließend raten die Kinder, welche Kinder „zusammengebastelt" wurden. Ältere Kinder, die schon ein bisschen mit Buchstaben umgehen können, können auch neue Namen für die entstandenen Gesichter und Figuren kreieren: So wird vielleicht aus Jonte, Olivia, Johann und Onno J-O-J-O und aus Béla, Ennis, Lovis und Arvid wieder B-E-L-A.

Programme zur Collagenerstellung

Mit der kostenlosen App Pic Collage, die auf iOS, Android und Windows 10 läuft, können Fotos zu Collagen zusammengestellt und mit Zeichnungen, Texten, Stickern und Hintergründen verziert werden. Die fertigen Collagen werden im JPG-Format abgespeichert und können auch in anderen Programmen weiterverwendet werden. Mit der App Book Creator für iOS können Texte, Bilder, Audiodateien, Filme und Comic-Elemente wie bei einem Baukastensystem beliebig kombiniert werden. Die erstellten Bücher lassen sich auf dem Tablet betrachten (z. B. mit iBooks), aber auch ausdrucken oder als PDF oder Film exportieren. Book Creator eignet sich sehr gut für Dokumentationen, Portfolios, Projektpräsentationen oder zum Erstellen von erzählerischen Projekten. Ausführliche Schritt-für-Schritt-Anleitungen zu den beschriebenen Programmen stehen auf www.rananmausundtablet.de in der Materialkiste zum kostenlosen Download bereit.

2. Digitale Malereien

Das digitale Malen sollte als Ergänzung und keinesfalls als Ersatz herkömmlicher Maltechniken verstanden werden. Nicht nur Pinsel, Bunt- und Wachsmalstifte eignen sich zum Malen und Zeichnen, auch durch den Einsatz digitaler Technik lassen sich kreative Ausdrucksformen erschließen. Kinder lernen so Medien als weiteres Gestaltungsmittel neben anderen Techniken wie Tuschen, Malen mit Bunt- oder Wachsstiften, Kleistern oder Collagieren kennen.

Material:
- Computer mit Malprogramm oder Tablet mit Mal-App
- Papier und Malutensilien
- ggf. Taschenlampe

Geeignetes Malprogramm auswählen

Anders als das Malen mit der Maus am Computer, das eine Herausforderung für die Hand-Auge-Koordination darstellt, ähnelt das Malen auf dem Tablet dem Malen auf Papier, weil direkt mit dem Finger auf dem Display gestaltet wird. Für die ersten Experimente mit den verschiedenen Malwerkzeugen und Möglichkeiten des gewählten Programms sollten neben dem PC bzw. dem Tablet auch analoge Malwerkzeuge bereitgestellt werden. So können gleichzeitig mehrere Kinder bzw. evtl. sogar die ganze Gruppe in die kreative Arbeit einbezogen werden, auch wenn nur ein PC oder Tablet zur Verfügung steht.

Anwendungsbeispiele

Das digitale Malen kann auf verschiedene Weise aufgegriffen werden:
- Die Kinder malen ihre Medienerlebnisse oder ihre Lieblingsmedienheld*innen.
- Die Kinder erstellen einzeln oder in Kleingruppen eigene Fehler-Suchbilder, indem sie auf der linken Hälfte der digitalen Leinwand ein Bild malen, dieses kopieren, auf der rechten Seite einfügen und darin eine bestimmte Anzahl an Veränderungen vornehmen.

- Die Kinder öffnen eigene Fotos in einem Malprogramm und bearbeiten die Fotos: Sie können durch Verwendung von verschiedenen Filtern z. B. aus eigenen Fotos Malvorlagen erstellen, ausdrucken und anmalen. Sie können auch eigene Fotos als Maluntergrund wählen und anschließend darauf malen und stempeln.
- Im abgedunkelten Raum malen die Kinder z. B. mit einer Taschenlampe ein Motiv in die Luft. Die Kamera ist dabei auf Langzeitbelichtung gestellt und befindet sich auf einem Stativ. Eine ausführliche Praxisanleitung „Lightpainting – Malen mit Licht" gibt es auf www.gutes-aufwachsen-mit-medien.de/informieren (veröffentlicht am 18.07.18).

Verschiedene Malprogramme wählen

Es gibt eine große Auswahl an geeigneten Malprogrammen und Apps für die kreative Arbeit mit Kindern. Paint von Microsoft ist ein Malprogramm, das zur Grundausstattung aller gängigen Windows-Rechner gehört. Das Programm Tuxpaint kann kostenlos im Internet heruntergeladen werden (www.tuxpaint.org). Die Notizen-App (iOS) bzw. die Memo-App (Android) gehören jeweils zu den Bordmitteln von Tablets, laufen offline und frei von Werbung und In-App-Käufen. Sie sind eigentlich zum Erfassen von Notizen gedacht, eignen sich aber auch sehr gut als einfache Mal-Apps, die ohne Stempel, Filter oder ähnliche Spielereien das digitale Malen ermöglichen. Mit der App Paint Joy (iOS) bzw. Kids Doodle (Android) können Bilder gemalt werden, die beinahe wie Lichtmalereien aussehen. Weitere empfehlenswerte Apps zum Malen und Gestalten werden in der Datenbank „Apps für Kinder" des Deutschen Jugendinstituts (DJI) (www.datenbank-apps-fuer-kinder.de) beschrieben.

Eine bekannte Geschichte als Filmvorlage

3. Bilderbücher gestalten

Bilderbücher transportieren Geschichten, vermitteln Sachverhalte, laden zum Stöbern und Entspannen ein. Sie lassen sich mit Kindern auch gut selbst gestalten. Dabei kann die Handlung des eigenen Bilderbuchs gemeinsam frei erfunden werden oder auf einer bekannten Geschichte basieren, die mit Fotos oder Zeichnungen neu bebildert wird.

Material:
- Fotokamera oder Tablet mit Kamera-App
- Computer oder Tablet mit Programm oder App zur Gestaltung und Präsentation von Text und Bild

Steht die Geschichte fest – egal, ob ausgedacht oder basierend auf einer bekannten Vorlage –, überlegt die Fachkraft mit den Kindern, welche Bilder benötigt werden, damit die Handlung der Geschichte verständlich wird. Sie verfasst dazu gemeinsam mit den Kindern ein kleines „Drehbuch", das die wesentlichen Szenen der Handlung festhält und hilft, den roten Faden zu behalten. Es kann z. B. auf einem großen Bogen Papier in einer Art Tabelle skizziert werden. Neben der jeweiligen Szene wird notiert, wer welche Rolle übernimmt, wer welche Szene fotografiert und wer wann für welche Requisiten zuständig ist. Dabei können die Vorschulkinder eventuell sogar schon selbst die jeweiligen Namen auf dem Drehplan notieren. Während die Kinder die Szenen fotografieren, sollte die pädagogische Fachkraft immer wieder zur bewussten Auseinandersetzung mit der Gestaltung der Fotos anregen.

Sind alle Fotos gemacht, werden sie digital zusammengestellt. Je nach verwendetem Programm kann das eigene Bilderbuch mit farbigen Hintergründen, Sprechblasen, Stickern, Zeichnungen, Textzeilen oder auch Audiokommentaren oder Videosequenzen ergänzt werden. Auf diese Weise entsteht z. B. ein eigenes Märchenbuch, ein Gedichtband oder auch ein Comic.

Programme zur Gestaltung von Text und Bild
Die Textverarbeitungsprogramme Microsoft-Word und OpenOffice Writer ermöglichen es, Text zu gestalten und mit Fotos oder Grafiken zu ergänzen. In den Präsentationsprogrammen PowerPoint und OpenOffice Impress können neben Text und Bild auch Video- und Audiodateien ergänzt werden. Die einzelnen Elemente können animiert werden, d. h., die Reihenfolge, in der sie während der Präsentation auf dem Bildschirm erscheinen, kann im Vorfeld festgelegt werden. Mit der iOS-App Book Creator lassen sich sehr einfach multimediale E-Books gestalten. Texte, Bilder, Audiodateien, Filme und Comic-Elemente können wie bei einem Baukastensystem beliebig eingefügt werden. Die erstellten Bücher lassen sich ausdrucken, mit iBooks betrachten, aber auch als PDF oder Film exportieren.

Wichtige Fragen zur Reflexion von Fotoaufnahmen für Bilderbücher

- Gefällt euch das Foto so, wie ihr es gerade aufnehmt?
- Ist wirklich nur das im Bild, was zur Szene dazugehört?
- Versteht man, was mit dem Foto ausgesagt werden soll?
- Passt die Perspektive so oder passt eine Aufnahme aus der Frosch- oder der Vogelperspektive vielleicht besser zur Geschichte/zur Bildaussage?

Onlinetipp

www.comiclife.eu
Die Freeware Comic Life ermöglicht durch vorgefertigte Raster das Zusammenstellen von Fotos zu einem Comic.

4. Hörspiele anfertigen

Ein eigenes Hörspiel kann mit intensiver Vorbereitung, Ideenfindung und -ausarbeitung entwickelt oder auch spontan ohne Planungsvorlauf improvisiert werden. Das improvisierte Hörspiel eignet sich gut als Einstieg in die Audioarbeit wie auch als Vorbereitung für aufwendigere Produktionen, weil alle wesentlichen Arbeitsschritte einer Hörspielproduktion schon mal durchlaufen werden.

Improvisierte Hörspiele

Material:
- Mikrofon oder Tablet mit Aufnahmefunktion
- ggf. Programm/App für Audioschnitt

Den Anfang des improvisierten Hörspiels kann z. B. der klassische Satz „Es war einmal …“ bilden. Die Fachkraft stellt den Kindern jeweils kurze Fragen, die sie durch die sich spontan entwickelnde Handlung führen und nicht mit aufgenommen werden. Die Kinder antworten in ganzen Sätzen.

Praxisbeispiel Hörspiel
Aufnahme an. Erzieher*in: *„Es war einmal …“* – Aufnahme aus.
Erzieher*in: *„Ein Tier: Was für ein Tier?“*
Aufnahme an. Kind: *„… ein Regenwurm.“* – Aufnahme aus.
Erzieher*in: *„Wie sah der Regenwurm aus?“*
Aufnahme an. Kind: *„Der Regenwurm war dick und rosa und ganz lang.“* – Aufnahme aus.
Erzieher*in: *„Wie hieß er?“*
Aufnahme an. Kind: *„Er hieß Willibald.“* – Aufnahme aus.
Erzieher*in: *„Was machte Willibald?“*
Aufnahme an. Kind: *„Willibald kroch durch den feuchten Boden und suchte sich was zu fressen.“* – Aufnahme aus.
Erzieher*in: *„Was passierte dann?“ …*

Regenwurm Willibald erlebt Abenteuer

Ein improvisiertes Hörspiel gestalten

Reihum sprechen die Kinder einen Satz ins Mikro. So ist innerhalb weniger Minuten eine kleine Geschichte entstanden, die dann gemeinsam angehört wird. Anschließend kann zusammen überlegt werden, welche Geräusche zur Geschichte passen. Anregungen zum Produzieren und Aufnehmen von Geräuschen sind in Kapitel III.3 (s. „Die Geräuschewerkstatt", S. 33) zusammengestellt.

Hörspiel mit Storyboard

Material:

- Mikrofon oder Tablet mit Aufnahmefunktion
- für das Storyboard Flipchart oder Wandzeitung und Stifte oder ggf. Computer oder Tablet mit Internetzugang

Sind die Kinder schon etwas geübter, kann eine selbst erfundene Geschichte als Hörspiel aufgenommen werden. Dazu entwickeln die Kinder vorher ein sogenanntes Storyboard. Eine Geschichte zu erfinden ist nicht immer einfach. Manchmal ergibt sich das Thema durch das Gesamtprojekt, dessen Bestandteil die Geschichte sein soll. Fantasiereisen oder passende Fotos können auf das Thema einstimmen und Assoziationen wachrufen. Es kann auch eine bekannte Geschichte weitererzählt oder variiert werden. Mit Hortkindern, die schon einigermaßen sicher schreiben, kann das Brainstorming für die Geschichte visualisiert werden – klassisch auf einer Wandzeitung oder auch digital.

Die pädagogische Fachkraft schreibt die entstehende Geschichte auf und liest sie einmal ganz vor; wenn nötig werden dabei noch Ergänzungen vorgenommen. Beim zweiten Vorlesen erhalten die Kinder die Aufgabe, zu überlegen, ob ihnen zur Geschichte passende Geräusche einfallen. Dazu liest die Fachkraft die Geschichte absatzweise vor und notiert die Ideen der Kinder. Steht das Storyboard, also die Geschichte, muss noch ein „Drehbuch" erstellt werden. Das ist ein Plan der Hörspielszenen, der dafür sorgt, dass der Überblick nicht verloren geht. Auf einer Wandzeitung schreibt die Fachkraft in einer Tabellenspalte Satz für Satz die Geschichte auf. Daneben notiert sie, wer welchen Satz vorträgt. Meistens können die Kinder „ihren" Satz schnell auswendig, als Gedächtnisstütze kann der Satz aber auch mit einigen Symbolen visualisiert werden. In einer weiteren Spalte vermerkt die Fachkraft die jeweiligen Geräusche und die dafür zuständigen Kindern.

Ist das Drehbuch fertig, können die Aufnahmen beginnen. Wenn ein Kind „Achtung Aufnahme! Ruhe bitte!" sagt, sind alle ganz ruhig und warten konzentriert auf ihren Einsatz. Während ein Kind den Satz vorträgt, gibt die Spielleitung den anderen das Zeichen, wenn ihr Geräusch an der Reihe ist. Jeweils nach einem Satz und den dazugehörigen Geräuschen wird die Aufnahme beendet und geklärt, wer als Nächstes mit welchem Satz und welchem Geräusch an der Reihe ist. Beim anschließenden Anhören entscheiden die Kinder gemeinsam, ob der eine oder andere Patzer, der zu hören ist, rausgeschnitten werden soll oder ob alle mit dem Ergebnis zufrieden sind.

Praxistipp

Gesammelte Stichwörter können auf www.abcya.com/word_clouds.htm eingegeben werden. Es entsteht eine „Wörterwolke", in der häufiger genannte Begriffe größer dargestellt werden als weniger oft genannte Begriffe. Das Design und die Anordnung der Begriffe kann beliebig variiert werden.

Programme für den Audioschnitt
Mit der App Garageband, die zu den Bordmitteln von iPads gehört, können Audiodateien aufgenommen und nachbearbeitet werden. Dabei können auch Elemente aus der integrierten Sound-Bibliothek verwendet werden. Mehrere Tonspuren lassen sich zu einem Gesamtwerk kombinieren. Audacity ist ein kostenloses Programm für Windows und macOS, mit dem Audiodateien bearbeitet werden können, um z. B. Hörspiele oder Musikclips zu erstellen.

5. Trickfilme produzieren

Der Eindruck des bewegten Bildes in Filmen ist eigentlich eine optische Täuschung. Sie entsteht nur dadurch, dass einzelne Fotos schnell nacheinander ablaufen und das menschliche Auge diese schnelle Abfolge als Bewegung interpretiert. Dieser Effekt lässt sich mithilfe von optischen Spielzeugen und Daumenkinos veranschaulichen und liefert so einen guten Einstieg in die Trickfilmarbeit.

Material:

- Foto- oder Videokamera und PC bzw. Tablet
- Stativ
- Schreibtischlampen oder Strahler zum Ausleuchten
- Stoff, Tonkarton oder Papier als Hintergrund
- Figuren, Knete, Stifte oder Sand und Bastelmaterial für den Film
- Programm/App zur Trickfilmerstellung

Das Grundprinzip des Trickfilms entspricht dem im vorherigen Kapitel beschriebenen Stopp-Trick, deshalb werden Trickfilme auch als Stop-Motion-Filme bezeichnet. Es wird ein Foto von einer Figur/Szenerie gemacht. Die Figur/Szenerie wird ein kleines bisschen verändert und dann erneut fotografiert, wieder verändert und fotografiert usw. Bei der Animationsarbeit darf nicht am Stativ gewackelt werden, denn es sollen sich nur die Figuren im Bild Stück für Stück bewegen und eben nicht das ganze Bild! Die Fotos werden mit einem entsprechenden Programm zu einem Trickfilm zusammengefügt. Wird der entstandene Film abgespielt, kann sich die Figur plötzlich bewegen oder wie von Geisterhand entsteht ein Turm aus Holzklötzchen oder eine Zeichnung.

Damit die Bewegungen nicht ruckartig aussehen, sollten sechs bis acht Bilder pro Sekunde erstellt werden. Je kleiner die Veränderungen von einem zum nächsten Bild sind, umso flüssiger sehen später die Bewegungen der Figuren im Trickfilm aus. Auch sollte sich nicht zu viel auf einmal bewegen, denn sonst verlieren die Zuschauenden den Überblick. Das gilt auch für den Hintergrund: Wenn dieser schon sehr bunt und voll ist, lenkt er vom eigentlichen Geschehen ab.

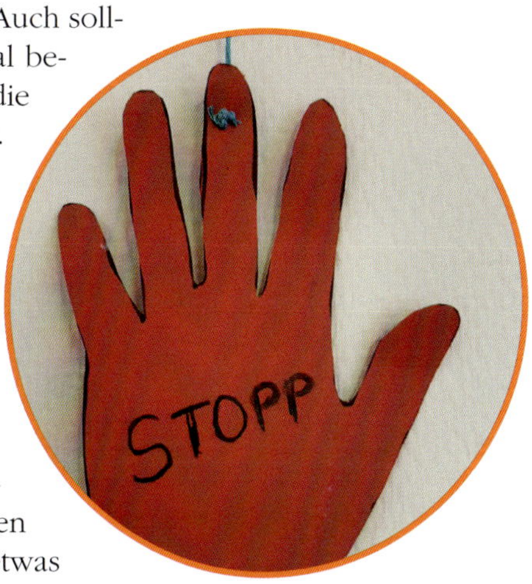

Achtung Aufnahme! Ruhe bitte!

Erste einfache Trickfilmversuche lassen sich ohne große Vorbereitung in einer einigermaßen gut ausgeleuchteten Ecke bewerkstelligen. Für etwas aufwendigere Vorhaben sollte ein separater Raum oder ein wenig genutzter Raumteil gewählt werden, damit der Tricktisch nicht stört und die Szenerie aufgebaut bleiben kann. Für den Hintergrund eignen sich z. B. ein einfarbiges Tuch, Geschenk- oder Packpapier, Tonkarton oder ein mit Tusche bemalter A3-Papierbogen. Der Hintergrund wird an der Wand festgeklebt, sodass die Figuren davor agieren. Er kann auch flach auf dem Tisch befestigt werden, dann werden zweidimensionale Figuren darauf bewegt.

Literaturtipp

Die vier Themenhefte zur frühkindlichen kulturellen Medienbildung „klicken! gestalten! entdecken!" (Hrsg. Filmothek der Jugend NRW, 2017) liefern anschauliche, praxiserprobte Methodenbausteine zur kreativen Medienarbeit in der Kita. Das Heft zum „Medienbereich Film" enthält ausführliche Anleitungen zum Basteln von optischen Spielzeugen. Die Broschüren können gegen Erstattung der Versandkosten auf www.filmothek-nrw.de in der Rubrik „Publikationen" bestellt werden.

Praxistipp

Trickfilmarbeit erfordert Geduld, für eine halbe Minute Film sind etwa 200 Fotos nötig. Hier kann man mit „geschlossenen Bewegungsabläufen" ein bisschen tricksen. Wenn z. B. eine Figur im Kreis läuft, also am Ende ihrer Bewegung dort wieder ankommt, wo sie gestartet ist, können die geknipsten Fotos später im Film mehrfach hintereinandergehängt werden, d. h., die Figur läuft im Film mehrfach im Kreis. So haben die Kinder bei gleichem Aufwand einen deutlich längeren Film und ein größeres Erfolgserlebnis.

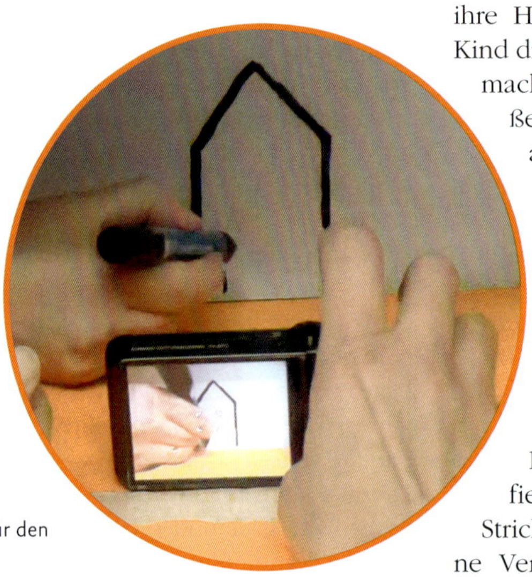

Zeichnen für den Trickfilm

Der Tricktisch sollte mit künstlichem Licht ausgeleuchtet werden, denn das normale Tageslicht verändert sich je nach Wetter und Tageszeit. Diese Lichtveränderungen stören später im fertigen Trickfilm. Manchmal reicht das Deckenlicht aus, falls dadurch aber zu viele Schatten geworfen werden, können mehrere kleine Schreibtischlampen für gleichmäßiges Licht von verschiedenen Seiten sorgen. Die Kamera bzw. das Tablet wird auf einem Stativ befestigt und so positioniert, dass die Szenerie gut im Bild ist. Aufnahmegeräte sollten dabei gerade so weit weg sein, dass die Figuren ausreichend Spielraum für Bewegungen haben, aber noch gut zu erkennen sind, und sich nichts Unnötiges mit im Bild befindet. Sind alle mit der Position zufrieden, wird der Standort – wie auch beim Aufbau des Stopp-Tricks – mit einem Kreppklebeband markiert. Und dann heißt es: Achtung, Aufnahme! Die Kinder „animieren" die Figuren dadurch, dass sie diese immer ein kleines Stück bewegen. Dann nehmen alle ihre Hände wieder aus dem Bild und ein Kind drückt auf den Auslöser. Ist das Foto gemacht, darf wieder bewegt und anschließend wieder fotografiert werden. Sind alle Aufnahmen gemacht, können die Fotos mit entsprechender Software zu einem Trickfilm zusammengestellt und mit Vor- und Abspann sowie ggf. Musik versehen werden.

Praxistipp

Auch im Hintergrund kann sich etwas bewegen, z. B. Wolken (Wattebausch), Blumen (gemalte oder gepresste Blüten/Blätter), Tiere (aus Pappe ausgeschnitten oder flache Holzfiguren), Schneeflocken (z. B. mit Motivstanzer hergestellt) oder Regentropfen (z. B. aus Silberfolie ausgeschnitten/ausgestanzt).

Verschiedene Möglichkeiten, einen Trickfilm zu erstellen

Zeichentrick

Die Kinder können zeichnen, schraffieren oder malen: immer nur einen Strich, einen Klecks oder eine andere kleine Veränderung. Dann wird ein Foto gemacht und bei ausgeschalteter Kamera wieder ein kleines bisschen weitergemalt. Je kleiner die Veränderungen zwischen den einzelnen Aufnahmen sind, umso flüssiger erscheint später der Ablauf. Das Malen kann auch in einem Malprogramm oder einer Zeichentrick-App geschehen. Dann wird nach jeder Veränderung das Bild neu (fortlaufend) nummeriert abgespeichert bzw. kopiert und weitergemalt.

Auch das Malen in Sand bietet sich für Trickfilme an und bringt sehr schöne Ergebnisse hervor.

Legetrick

Figuren werden auf Pappe gezeichnet, ggf. angemalt und ausgeschnitten. Auch die Scherenschnitttechnik eignet sich. Sollen einzelne Körperteile beweglich sein, müssen diese zunächst abgeschnitten und an den Gliedmaßen mit Pappe verlängert werden. Dann können sie z. B. mit Musterklammern zusammengesetzt werden. Die Figuren sollten mindestens 10 cm groß sein, sonst wird die Animationsarbeit für die Kinder zu kleinteilig. Die Hintergründe sollten ungefähr DIN-A2-Größe haben. Bei der Animation werden die Figuren und ggf. die Arme und Beine bewegt. Figuren, die im Profil gemalt sind, brauchen, wenn sie in die andere Richtung laufen sollen, ein zweites Gesicht (oder sie müssen rückwärts aus dem Bild „laufen"). Das Stativ wird beim Legetrick so aufgebaut, dass die Kamera von oben auf den Boden oder Tisch filmt (Kamera gut befestigen!). Um Schatten zu vermeiden, werden eventuell weitere Lichtquellen benötigt, die den Tricktisch gleichmäßig ausleuchten.

Figurentrick

Beim Figurentrick wird im Gegensatz zum Zeichen- oder Legetrick dreidimensional gearbeitet. Mit ein wenig Geduld werden Plüschtiere, Spielzeugautos, Holzklötze, Legosteine oder Spielfiguren plötzlich „lebendig". Geeignet ist jedes dreidimensionale Objekt, das allein stehen kann. Dazu kann eine richtige Bühne gestaltet werden, auf der die Figuren bewegt werden. Eine Variante ist der Knet-Trickfilm. Die Knetfiguren sollten möglichst einfach und nicht zu filigran gestaltet sein, damit die einzelnen Körperteile beim Animieren nicht immer abfallen.

Programme zur Trickfilmerstellung

Es gibt verschiedene Programme, die sich für die Trickfilmarbeit im Kindergarten eignen. Die App Stop Motion Studio für iOS, Android und Windows ermöglicht das Erstellen von Trickfilmen. Die Fotos können direkt aus der App heraus aufgenommen oder importiert werden. Der fertige Film kann vertont und mit Vor- und Abspann versehen werden. Die gleichen Möglichkeiten bietet die iOS-App iStopMotion. Mit der iOS-App Malkino können Zeichentrickfilme angefertigt werden. Dazu wird nach jedem Strich das Bild kopiert und dann weitergemalt. So entsteht eine Bildsammlung, die anschließend zu einem Film zusammengefügt wird.

Ein Stativ lässt sich auch mit Bausteinen bauen

6. Filme drehen

Material:

- Videokamera und PC bzw. Tablet mit Kamera-App
- Stativ
- Schreibtischlampen oder Strahler zum Ausleuchten
- Flipchart oder Wandzeitung und Stifte zum Erstellen des Storyboards
- Verkleidungsutensilien und Requisiten je nach Filmidee
- Programm/App für Videoschnitt

Einen Realfilm zu erstellen, ist ein größeres Projekt und sollte gut geplant und vorbereitet werden. Als Einstieg in die Filmarbeit haben sich Übungen zur Wirkung von Einstellungen und Perspektiven bewährt (s. Kapitel III), damit die Kinder mit den filmischen Ausdrucksmitteln vertraut werden. Ergänzend stärken Schauspiel- und Sprechübungen, Pantomime und Tanz die Ausdrucksformen. Dann gilt es, eine Filmidee zu entwickeln. Die Kinder können ihrer Fantasie freien Lauf lassen und die Ideen werden dann gesammelt und strukturiert. Die Filmidee kann sich aber auch aus einem Projektthema ergeben, oder die Kinder greifen eine bekannte Geschichte auf, die neu inszeniert wird. Ob die Filmidee dann als Krimi oder Gruselgeschichte, wie ein Märchen oder in Form einer Dokumentation gedreht wird, entscheiden alle gemeinsam. Die zu verfilmende Geschichte sollte besonders bei den ersten eigenen Filmprojekten weder zu lang noch zu komplex sein. Und die ganze Gruppe kann beteiligt werden, denn die Auswahl und Gestaltung von Kostümen, Requisiten, Drehorten und Bühnenbildern kann viele kreative Köpfe gebrauchen.

Brainstorming für einen Trickfilm

Ebenso wie beim Erstellen eines Hörspiels oder Bilderbuchs ist es auch beim Film hilfreich, die Filmidee in einem Drehplan zu fixieren. Der Drehplan hält in Stichworten oder Skizzen fest, was in welcher Szene passieren soll. Ergänzend wird notiert, wer mitspielt, wo gedreht wird und welche Requisiten benötigt werden. Die pädagogische Fachkraft achtet darauf, dass jedes Kind beteiligt ist und mindestens einmal auch als Kamerakind agiert. Viele Szenen können in der eigenen Einrichtung spielen: Das Büro der Leitung kann mit einem neuen Türschild zum Polizeipräsidium werden, das Freigelände zum Stadtpark. Aber es macht den Kindern auch viel Spaß, für die Dreharbeiten mal die Kita zu verlassen und andere Orte aufzusuchen. Wenn die Dreharbeiten draußen stattfinden, müssen Wetterwechsel und Schwankungen der Lichtverhältnisse bedacht werden. Zusammengehörige Draußen-Szenen sollten, auch wenn sie im Film nicht direkt aufeinanderfolgen, wenn möglich am Stück gedreht werden. Das reduziert den Aufwand, weil der Drehort nicht jedes Mal neu eingerichtet werden muss und das Wetter einem nicht einen Strich durch die Rechnung macht. Zu bedenken ist dann allerdings, dass ggf. die Kostüme und Requisiten verändert werden müssen.

Literaturtipp

Die beiden kostenlosen Broschüren „Die Trickboxx" und „Trickfilm to go" der Landesanstalt für Medien NRW (LfM) geben eine ausführliche und gut verständliche Einführung in die Trickfilmarbeit mit der digitalen Kamera bzw. dem Tablet. Bestellung und Download auf www.filmothek-nrw.de in der Rubrik „Publikationen".

Besondere Aktionen in den Film einbauen

Viel Spaß macht es den Kindern, wenn sie im Film Dinge tun können, die sie sonst nicht können oder dürfen. Wenn ein Kind in einer Szene in ein Auto einsteigt, um zum Tatort zu fahren, dann wird das Einsteigen gefilmt – Kamera aus – ein Blick durch die Windschutzscheibe mit Kind am Steuer – Kamera aus – fahrendes Auto, ohne dass der Fahrer oder die Fahrerin zu erkennen ist. Das Auto wird dann natürlich von einer erwachsenen Person gefahren. So entsteht bei den Zuschauenden der Eindruck, als säße das Kind am Steuer des fahrenden Autos.

Durch geschickte Einstellungswechsel lassen sich z. B. auch Fenstersprünge inszenieren: Ein Kind rennt bei einer Verfolgungsjagd auf ein geöffnetes Fenster zu und springt hinaus. In der nächsten Einstellung sieht man, wie sich das Kind vom Boden aufrappelt und losrennt, hinter sich ein mehrstöckiges Gebäude, und in einem der oberen Stockwerke ist ein Fenster sperrangelweit geöffnet. Bei den Zuschauenden entsteht der Eindruck, als wäre das Kind aus dem geöffneten Fenster gesprungen und unverletzt aufgekommen. Die

Vorlagen und Skizzen gemeinsam anfertigen

Aufnahme vom Sprung wurde aber natürlich nicht in einem oberen Stockwerk, sondern im Erdgeschoss gemacht, und draußen vorm Fenster lag eine dicke Matte, die vor dem Außendreh weggenommen wurde. Es kann sogar sein, dass für die Außen- und die Innenaufnahmen völlig verschiedene Gebäude als Drehorte dienten. In jedem Fall können die Kinder auf diese Weise anschaulich erfahren, wie beim Film getrickst werden kann.

Wenn alle Szenen gedreht sind, wird das gesamte Filmmaterial gemeinsam gesichtet und entschieden, was für den Film verwendet werden kann und was nicht, was also „rausgeschnitten" werden soll. Am Filmschnitt können dann nur einzelne Kinder und nicht mehr die ganze Gruppe beteiligt werden. Hortkinder können die Schnittarbeiten schon ganz gut begleiten und unterstützen und eventuell sogar schon in Teilen selbstständig durchführen. Bei Kindergartenkindern übernimmt den Schnitt im Wesentlichen die pädagogische Fachkraft. Wenn die Kinder interessiert sind und über ausreichend Konzentrationsvermögen verfügen, können sie dabeibleiben, zugucken und mitentscheiden.

Programme für den Videoschnitt

Es gibt eine riesige Auswahl an Videoschnittprogrammen. Für die Arbeit in der Kita sollte die Software möglichst nicht zu komplex und eher intuitiv nutzbar sein. Denn Videoschnitt gehört in den meisten Einrichtungen – noch – nicht zum Alltag, sodass es frustrierend ist, wenn sich die Grundschritte nicht sofort erschließen und alle Arbeitsschritte immer wieder nachgelesen werden müssen. iMovie ist eine Videoschnitt-App, die zur Standardausstattung des iPads gehört. Mit der App lassen sich Videos bearbeiten, untertiteln und vertonen. Die Trailerfunktion ermöglicht die Zusammenstellung von Fotos oder Filmsequenzen zu einem Filmtrailer, wie man ihn aus dem Kino kennt. Die App Power Director ist ein Videobearbeitungswerkzeug für Android-Tablets. VideoPad ist ein einfacher Video-Editor für Windows zum Schneiden und Bearbeiten von Video-Dateien.

Sichten von Aufnahmen

Onlinetipp

www1.wdr.de/kultur/film/dokmal
Hier sind die wesentlichen Schritte von der Idee bis zum fertigen eigenen Film anschaulich und einfach beschrieben.

www.rananmausundtablet.de
In der Rubrik „Materialkiste" sind unter „Trick/Film/Schnitt" Schritt-für-Schritt-Anleitungen zu Programmen für die Video- und Trickfilmarbeit zu finden.

Onlinetipps

www.bildungsserver.de/Praxishilfen-Medienbildung-in-der-Kita-4040-de.html
Der Deutsche Bildungsserver bündelt und sortiert Informationen und Internetquellen zu verschiedenen Bildungsbereichen, Veranstaltungen, Wettbewerben und Stellenangeboten.

www.blickwechsel.org
Der medien- und kulturpädagogische Verein Blickwechsel stellt in der Rubrik „Medienpädagogik" methodische Anregungen, hilfreiche Materialien, Literaturempfehlungen und thematisch sortierte Surftipps rund um den kreativen, bildungsförderlichen Einsatz von Medien bereit. Blickwechsel ist ein gemeinnütziger Verein, der sich seit über 25 Jahren für die Medienkompetenzförderung engagiert und in vielen Bundesländern medienpädagogische Fortbildungen, Projekte und Elterninformationsveranstaltungen anbietet.

www.datenbank-apps-fuer-kinder.de
Die Datenbank des Deutschen Jugendinstituts (DJI) hat in Kooperation mit Blickwechsel e. V., www.jugendschutz.net, dem Initiativbüro „Gutes Aufwachsen mit Medien" und der Stiftung Lesen eine App-Datenbank erstellt, in der auch Hinweise zu Qualitätskriterien zu finden sind. Die Suchmaske ermöglicht das gezielte Recherchieren nach Zielgruppe, Genre, Schlag- und Suchwörtern sowie nach Gerätesystemen.

www.gutes-aufwachsen-mit-medien.de
Das Initiativbüro bündelt Angebote zur Beratung, Information und Vernetzung, unterstützt die Gründung von lokalen Netzwerken für ein gutes Aufwachsen mit Medien und fördert so die medienpädagogische Zusammenarbeit zwischen lokalen Medienkompetenzzentren, Kindertagesstätten, Schulen oder Vereinen.

www.haus-der-kleinen-forscher.de
Die gemeinnützige Stiftung „Haus der kleinen Forscher" engagiert sich seit 2006 für eine bessere Bildung von Kindern im Kita- und Grundschulalter in den Bereichen Naturwissenschaften, Mathematik, Technik und Informatik. Auf der Seite sind zahlreiche Praxisanregungen zu finden.

www.kamerakinder.de
KameraKinder bietet kindgerechte Tipps und Erklärungen rund um die Fotografie sowie vielfältige Anregungen, Materialien und Methoden für die Fotoarbeit. Das Portal gibt Kindern die Möglichkeit, ihre Fotos im „Fotofenster" auszustellen, am „Fotorun NRW" teilzunehmen oder sich in der „Trickkiste" fotografisch weiterzuentwickeln und sich inspirieren zu lassen.

www.kinderrechte.digital
Hier gibt es Hintergrundinformationen, aktuelle Beiträge und Kommentare sowie vertiefende Lesetipps und Studien zum Thema Kinderschutz und Kinderrechte in der digitalen Welt.

www.klicksafe.de
Klicksafe klärt über Sicherheits- und Verbraucherthemen im Internet auf, stellt eine Vielzahl von Materialien und Broschüren bereit und entwickelt Schulungskonzepte.

www.letsdigi.de
LETSDIGI will Erwachsene und Kinder mit kleinen Projektideen und einfachen Anleitungen dabei unterstützen, die digitalisierte Welt gemeinsam zu erkunden und zu gestalten. Interessierte sind eingeladen, sich am Projekt mit eigenen Erfahrungen und Ideen zu beteiligen.

www.mediasmart.de
Hier handelt es sich um ein internationales Projekt zur Förderung der Medien- und Werbekompetenz von Kindern. Zu finden sind hier Hintergrundwissen, Spiele, Informationen und Materialien.

www.medienkindergarten.wien
Die Initiative des Wiener Bildungsservers hat zahlreiche Praxisideen zur Förderung medienpädagogischer Aktivitäten im Elementarbereich zusammengestellt.

www.familieundmedien-nrw.de
Hier gibt es Materialien für die Medienbildung in der Kita und die Zusammenarbeit mit Eltern, z. B. das Kartenset „Die #äsch-Tecks". Die Karten liefern Anregungen für die Elternarbeit und können in der Rubrik „Info" unter „Material bestellen" kostenlos geordert werden.

www.ohrenspitzer.de
Das Ohrenspitzer-Projekt richtet sich seit 2003 an Kinder im Alter zwischen 3 und 14 Jahren. Es bietet viele Anregungen und Beispiele, die über die Arbeit mit Hörspielen, über Experimentieren und Produzieren die Fähigkeit des Zuhörens fördern.

www.rananmausundtablet.de
Das Materialpaket „Ran an Maus und Tablet", das von der Hessischen Landesanstalt für privaten Rundfunk und neue Medien (LPR Hessen) kostenlos als Onlineangebot und USB-Stick für Kitas und Grundschulen zur Verfügung gestellt wird, enthält praxiserprobte Methodenbausteine, leicht verständliche Schritt-für-Schritt-Anleitungen, Orientierungshilfen rund um Hardware, Software und Apps, die wesentlichen rechtlichen Grundlagen, Informationen zu Beratungsangeboten für Eltern und viele Tipps und Links.

www.schule-des-hoerens.de
Die gemeinnützige Initiative Schule des Hörens möchte für das Hören begeistern und hat vielfältige Angebote und Materialien entwickelt, z. B. das Medienpaket für den Kindergarten „Olli Ohrwurm", die Kinderdomain www.radio108.de oder www.auditorix.de.

www.stiftunglesen.de
Seit 1988 entwickelt die Stiftung Lesen zahlreiche Projekte, um das Lesen in der Medienkultur zu stärken. Auf der Webseite sind neben zahlreichen Informationen für pädagogische Fachkräfte rund um das (Vor-)Lesen auch die Vorlesestudien seit 2010 zu finden. Broschüren, eine kommentierte Liste mit empfehlenswerten Kinderbuch-Apps und die „Standpunkte: digitales Lesen" gibt es in der Rubrik „Lese- und Medienempfehlungen" unter „Digitale Lesewelten".

Literatur

Bücher und Broschüren

Anfang, G./Demmler, K./Lutz, K./Struckmeyer, K. (Hrsg.) (2015): wischen klicken knipsen. Medienarbeit mit Kindern. München: kopaed.

Biermann, T./Daveri, L./Eder, S. (2016): Alltagsintegrierte Medien- und Sprachbildung in Kindertageseinrichtungen. Handreichung mit Aktivitäten für die Praxis. https://publikationen.medienanstalt-nrw.de/index.php?view=product_detail&product_id=411 (letzter Zugriff: 01.08.2019).

Bostelmann, A. (2019): Medienpädagogik in Kindergarten und Grundschule. 23 Ideen für die Bildungsarbeit mit 4- bis 8-jährigen Kindern. Berlin: Bananenblau.

Bostelmann, A./Fink, M. (2019): Digital genial. Erste Schritte mit Neuen Medien im Kindergarten. Berlin: Bananenblau.

Brandt, J. G./Hoffmann, C./Kaulbach, M./Schmidt, T. (Hrsg.) (2018): Frühe Kindheit und Medien. Aspekte der Medienkompetenzförderung in der Kita. Leverkusen: Barbara Budrich.

Bundeszentrale für gesundheitliche Aufklärung (BZgA) (Hrsg.) (o. J.): Werkstattbuch Medienerziehung. Zusammenarbeit mit Eltern – in Theorie und Praxis. www.bzga.de/infomaterialien/unterrichtsmaterialien/nach-schulform-sortiert/werkstattbuch-medien erziehung-zusammenarbeit-mit-eltern-in-theorie-und-praxis/ (letzter Zugriff: 01.08.2019).

Eder, S./Lehmann, A./Lenich, A./Roboom, S./Seiler, G./Wentzel, J. (2013): Medienkompetenz-Kitas NRW. Ein Modellprojekt der Landesanstalt für Medien Nordrhein-Westfalen (LfM). www.blickwechsel.org/ueber-uns/veroeffentlichungen/publikationen/371-medien kompetenz-kitas-nrw (letzter Zugriff: 01.08.2019).

filmothek der jugend NRW (Hrsg.) (2017): klicken! gestalten! entdecken! Frühkindliche kulturelle Medienbildung. Medienbereich Audio/Medienbereich Foto/Medienbereich Film/Medienbereich Tablet & Computer. www.filmothek-nrw.de/publikationen/neu-klicken-gestalten-entdecken/ (letzter Zugriff: 01.08.2019).

Fink, M. (2018): So geht digital. Websites, Tools und Apps, die den Kita-Alltag leichter machen. Freiburg: Herder.

Fthenakis, W. E. (Hrsg.) (2009): Natur-Wissen schaffen – Band 5: Frühe Medienbildung. Köln: Bildungsverlag Eins.

Jugendministerkonferenz/Kultusministerkonferenz (Hrsg.) (2004): Gemeinsamer Rahmen der Länder für die frühe Bildung in Kindertageseinrichtungen. www.kmk.org/fileadmin/veroeffentlichungen_beschluesse/2004/2004_06_04-Fruehe-Bildung-Kitas.pdf (letzter Zugriff: 01.08.2019).

Landesanstalt für Medien NRW (Hrsg.) (2016): Trickfilm to go – Leitfaden für die (Trick-)Filmarbeit mit mobiler Technik. www.filmothek-nrw.de/publikationen/trickfilm-to-go-leitfaden-zur-trick-filmarbeit-mit-mobiler-technik/

Landeshauptstadt München (Hrsg.) (2015): Tablets im Einsatz. Medienpädagogische Praxis-Inspirationen aus dem Projekt „Multimedia-Landschaften für Kinder". www.studioimnetz.de/wp-content/uploads/2015/07/Tablets-im-Einsatz-Broschuere-2015.pdf (letzter Zugriff: 01.08.2019).

Lange, V. (2017): Achtung, Digital Gap! Lernen in einer digital geprägten Welt. https://library.fes.de/pdf-files/studien foerderung/13683.pdf (letzter Zugriff: 01.08.2019).

Lauffer, J./Röllecke, R. (Hrsg.) (2016): Krippe, Kita, Kinderzimmer. Medienpädagogik von Anfang an. München: kopaed.

Leopold, M./Ullmann, M. (2018): Digitale Medien in der Kita. Alltagsintegrierte Medienbildung in der pädagogischen Praxis. Freiburg: Herder.

Neuß, N. (2012): Kinder und Medien. Was Erwachsene wissen sollten. Seelze: Klett/Kallmeyer.

Roboom, S. (2019): Digitale Medien im Kita-Alltag. Die schnelle Hilfe! Berlin: Cornelsen.

Roboom, S. (2019): Medien zum Mitmachen. Impulse für die Medienbildung in der Kita. Freiburg: Herder.

Roboom, S. (2019): Mit Medien kompetent und kreativ umgehen. Basiswissen & Praxisanregungen. 2. Auflage, Weinheim: Beltz.

Tillmann, A./Fleischer, S./Hugger, K.-U. (Hrsg.) (2014): Handbuch Kinder und Medien. Wiesbaden: Springer VS.

Studien

Deutsches Institut für Vertrauen und Sicherheit im Internet (DIVSI) (2015): DIVSI U9-Studie. Kinder in der digitalen Welt. www.divsi.de/wp-content/uploads/2015/06/U9-Studie-DIVSI-web.pdf (letzter Zugriff: 01.08.2019).

Deutsches Jugendinstitut e. V. (Hrsg.) (2016): Digitale Medien: Beratungs-, Handlungs- und Regulierungsbedarf aus Elternperspektive. Abschlussbericht. www.dji.de/fileadmin/user_upload/bibs2016/Digitale_Medien_Elternperspektive.pdf (letzter Zugriff: 01.08.2019).

EUKidsOnline-DE (2015): AVG Digital Diaries 2015. www.eukidsonline.de/avg-digital-diaries-2015 (letzter Zugriff: 01.08.2019).

Internationales Zentralinstitut für das Jugend-und Bildungsfernsehen (IZI) (Hrsg.) (2019): Grunddaten Kinder und Medien 2019. Zusammengestellt aus aktuellen Befragungen und Studien von Heike vom Orde (IZI) und Dr. Alexandra Durner. www.br-online.de/jugend/izi/deutsch/Grunddaten_Kinder_u_Medien.pdf (letzter Zugriff: 01.08.2019).

JFF – Institut für Medienpädagogik (Hrsg.) (2016): MoFam – Mobile Medien in der Familie. www.jff.de/ablage/Projekte_Material/mofam/JFF_MoFam_Studie.pdf (letzter Zugriff: 01.08.2019).

JFF – Jugend Film Fernsehen e. V. (Hrsg.) (2018): Digitale Medien in Kindertageseinrichtungen: Medienerzieherisches Handeln und Erziehungspartnerschaft. Perspektiven des pädagogischen Personals. Zweiter Bericht der Teilstudie „Mobile Medien und Internet im Kindesalter – Fokus Kindertageseinrichtungen". www.jff.de/fileadmin/user_upload/jff/projekte/mofam/JFF_MoFam_Studie_T_DigitaleMedien.pdf (letzter Zugriff: 01.08.2019).

Medienpädagogischer Forschungsverbund Südwest (MPFS) (Hrsg.) (2017): FIM-Studie 2016. Familie, Interaktion, Medien. www.mpfs.de/fileadmin/files/Studien/FIM/2016/FIM_2016_PDF_fuer_Website.pdf (letzter Zugriff: 01.08.2019).

Medienpädagogischer Forschungsverbund Südwest (MPFS) (Hrsg.) (2016): KIM-Studie 2016. Kindheit, Internet, Medien. Basisstudie zum Medienumgang 6- bis 13-Jähriger in Deutschland. www.mpfs.de/fileadmin/files/Studien/KIM/2016/KIM_2016_Web-PDF.pdf (letzter Zugriff: 01.08.2019).

Medienpädagogischer Forschungsverbund Südwest (MPFS) (Hrsg.) (2014): MiniKIM 2014. Kleinkinder und Medien. www.mpfs.de/fileadmin/files/Studien/miniKIM/2014/Studie/miniKIM_Studie_2014.pdf (letzter Zugriff: 01.08.2019).

Medienpädagogischer Forschungsverbund Südwest (MPFS) (Hrsg.) (2011): FIM-Studie 2011. Familie, Interaktion und Medien. www.mpfs.de/fileadmin/files/Studien/FIM/2011/Studie/FIM2011.pdf (letzter Zugriff: 01.08.2019).

ZHAW Zürcher Hochschule für Angewandte Wissenschaften (Hrsg.) (2018): ADELE. Activités – Digitales – Education – Loisirs – Enfants. Digitale Medien im Kontext von Familien mit Kindern im Alter von 4 bis 7 Jahren. www.zhaw.ch/de/psychologie/forschung/medienpsychologie/mediennutzung/adele/ (letzter Zugriff: 01.08.2019).

Alle in diesem Heft zitierten Studien sowie weitere Erhebungen, die sich mit der Verbreitung, Bedeutung und Nutzung von Medien in Familien und in der Elementarpädagogik befassen, sind auf www.blickwechsel.org in der Rubrik „Medienpädagogik" unter „Surftipps: Mediennutzung_Infos/Studien" zu finden.

Impressum

praxis kompakt: Medienwerkstatt für Kita und Schulkindbetreuung ist ein Sonderheft von kindergarten heute – Das Fachmagazin für Frühpädagogik

Redaktion
Silke Dittmar (verantw.)
Tel. 0761 / 2717-209
E-Mail: dittmar@herder.de

Petra Bartoli y Eckert
Tel. 0761 / 2717-322
E-Mail: redaktion@kindergarten-heute.de

Anschrift der Redaktion
Hermann-Herder-Str. 4
79104 Freiburg
Tel. 0761 / 2717-322
E-Mail: redaktion@kindergarten-heute.de
www.kindergarten-heute.de

Bildnachweis
Titelfoto: istock © Epiximages
Fotos S. 19, 46: © Gisa Grodde
Fotos stock.adobe.com: S. 4: © Myst,
S. 21 oben: © pictworks, S. 33 unten: © Smileus,
S. 51: © es0lex, , S. 52: © angintaravichian
Alle anderen Fotos: © Susanne Roboom

Layout, Satz und digitale Bearbeitung
rsrdesign, Wiesbaden, www.rsrdesign.de

Druck
Medienhaus Plump GmbH, Rheinbreitbach

Leserservice
Verlag Herder GmbH
Hermann-Herder-Str. 4
79104 Freiburg
Tel.: 0761 / 2717-379 oder 0761 / 2717-244
Fax: 0761 / 2717-249
E-Mail: kundenservice@herder.de

Gedruckt auf chlorfrei gebleichtem Papier

Printed in Germany

Titelnummer 794
ISBN Print: 978-3-451-00794-1
ISBN E-Book (PDF): 978-3-451-81664-2